AQUARIUS

AQUARIUS

AQUARIUS

AQUARIUS

Vision

一些人物，
一些視野，
一些觀點，
與一個全新的遠景！

如何清空父母的家

Comment j'ai vidé la maison de mes parents

走過喪親之痛

莉迪亞・阜蘭（Lydia Flem）◎著　金文◎譯

國際媒體好評

在父母逝世的傷痛與他們沉默的過去之中，本書誕生了。這微小的光明奇蹟，使得我們在這般的旅途中，能重新認識自己。這本書指引了我們在摯愛的人逝去後，如何繼續活下去，以及如何重生。——《Les Inrockuptibles雜誌》

我們總有一天會成為孤兒，而本書便是寫給所有為人子女者。它的文字精準地將我們推進了「喪親之痛」這個人生必經的艱困時期，在樸質、優美、流暢、敏銳且動人的寫作風格下，面對父母去世這樣的人生經驗，進行了犀利而冷靜的心理剖析。——《自由書評》

沒有人比莉迪亞．阜蘭更懂得如何用文字描寫生命中的不同季節與風暴，她以其獨特的聰慧、敦厚和幽默，來體現這些令人痛苦徬徨的人生經驗。——瑞士《Payot-L' Hebdo雜誌》

這是本溫柔且敏感的小書，在情感風暴的雷電中，各個物件低語訴出它們的祕密。而喪親之痛，才能因此而稍微容易地度過。——**《責任報》**

這本美好的書，既溫柔又嚴肅，一頁接著一頁，愈來愈令人心碎，這樣的「繼承」過程喚起了記憶，撼動了一切的情緒、記憶與錯綜複雜的親情牽扯。——**《法國十字報》**

作者書寫了那些難以言說的。——**《時代報》**

作者不僅挑戰禁忌，觸碰死者與喪禮的問題，也觸及了文學的基本功用：傳達無法言說之事。透過簡單的文字與毫無雕琢的句子，莉迪亞．阜蘭成功地深入我們的潛意識，她將不可告人的那些顯影出來，而這種自由感必須以雙親的逝去做為代價，唯有自罪惡感的沉重中解放，悼亡，才得以開始。——**《瑪莉安妮雜誌》**

莉迪亞．阜蘭有一種真摯懇切、通俗且靈巧的個人風格。她的書皆從個人經驗出發，但根植於一個更普世化、更具理論性的文字之中。——**《週報》**

作者筆調清新，對人類情感的刻劃更是入木三分。——**《法國快報》**

讀者共鳴推薦

整本書的文字有種淡然的美，冷靜中不失深情，自我剖析與往事回憶都很動人。父母逝去當下的心情、他們那充滿驚濤駭浪的過去、家族已成碎片的歷史與往事，又或者童年時期留下的回憶……整本書不厚，可感覺卻像讀了很長的故事一樣。那些字裡行間的細節真的很迷人。

《如何清空父母的家》集自我省思、家族記憶和人生體驗於一書。無論是對這類型的作品感興趣，又或者單純想看看別人的故事和想法，我都很推薦，畢竟真的寫得又好又迷人。

——elish的蘇哈地（閱讀部落客）

作者莉迪亞・阜蘭是猶太裔法語心理分析師，納粹集中營虎口餘生雙親的獨生女，也是法律「唯一繼承人」。

一開始，她不斷質問：「活著的時候不曾想要交給我的東西，我憑什麼可以帶走？」雙親沒有遺囑，繼承猶如不是心甘情願、出於自由意志的贈與，她拿得一點兒也不心安理得。然而，透過整理遺物、清空舊宅的漫長過程，生者梳理因亡者而起，或悲哀、或愧疚、或憤怒、甚或焦慮與無助（人不免一死）等各種情緒，並與顛沛卻堅韌不拔的祖先們重新建立連結。

作者以為，這種內在轉化過程沒有捷徑，任誰也無法逃避，因為「死是生的一部分，生命包含了死亡」。——**吳佳璇（精神科醫師）**

關於生命消失的細節，大部分的人都會選擇將它刻意遺忘，而作者阜蘭決定面對這個課題，「一棟父母留下的房子，還有裡頭所有的物件」。她不請搬家公司來「處理」掉，而讓自己去面對這份「包袱」。物件中充滿了情感的未爆彈，漫長整理過程像是失戀中的療傷儀式，但這次的對象不是愛人，而是父母親。

這其實是很私密的經驗，作者用文字書寫出來，化為一種治療，關於那些遭遇、那些無可奈何、無法當下理解的生命細節，她書寫，包括已知、依然未知的，然後經由閱讀，這些也化為我們身體的一部分，像是分享了一種暗室的微光。

阜蘭是比利時法語作家，她文中有著法式的直接與真摯的對話。從父母親下意識保存的物件中，得到了珍貴的關於「祖先」的資訊，那些不曾從父母口中說出來的內容……在細心地為這些微物分類、編號，擦拭後，她才能將這些物件開始送出或將之丟棄。

這整座房子的清空儀式，讓她連接到了一個新的歷史，東西已不在，但她彷彿在這「歷史」中找到一個新的、屬於自已的位置。在這裡，時間是永恆的。——**黃子欽（設計師）**

【推薦序】

物之告別式——父母撒手那一刻來到以後

◎邱瑞鑾

從來，頌揚母愛、父愛的道德文章很多，父母對子女的愛也的確比任何感情都無私，但我們這些為人子女的，我們這些說不上孝順，也說不上不孝，只是本本分分對待父母的子女，我們對父母親的感情到底是一種什麼樣的感情呢？老實說，我不太願意問自己這個問題，因為它涉及了我能對自己誠實到什麼程度、能面對自己的脆弱到什麼程度，尤其，敢把自己揭穿到什麼程度。再說，即使我們暗地裡認了自己對父母的感情裡帶有什麼樣的瘡瘡疤疤，有什麼碰觸不得的傷口、怨懟，我們是否成熟得足以把這一切都承擔下來，而不推說這全是因為父母自己如何如何造成的？（是啊，我們不都自以為很有理由說自己心裡的千百種糾結，根源在父母！）就因為這樣，我們總是有意無意告訴自己別去想這個問題，我們只需要確定自己沒有不愛他們、確定自己對父母所做的總在倫常之內，便可以心安理得地把日子過下去，以此塗銷我們其實不知道怎麼愛他們，或是我們始終覺得他們不知道怎麼愛我們的部分，當作我們從小至今並沒有時不時感到匱乏，有所渴求，愛與被愛的渴求，或者甚至在他們那方也是這樣。

幸或不幸的是，被壓抑的這一切總有一個時候會排山倒海地撲來，整個將我們捲入狂潮，迫使人正視父母之於我們的意涵，那關乎愛恨、怨結、恩情、過犯、痛悔、憤懣，而不是道德倫理的意涵；讓人悵然的是，這一刻往往是在父母撒手的那日來到，在這個幽深深的死亡大黑洞面前，丟失了部分血肉的心被攪進了情緒的漩渦中，其中「摻雜了憤怒、壓抑、無盡傷悲、不真實感、反叛、悔恨和莫名解脫感……」，比利時女作家莉迪亞・阜蘭這麼形容她失親那一剎那的心情。

「莫名解脫感」？看到這幾個字時真是愣怔了一下，但細想，也很難說完全不是這樣。那我們解脫了的是什麼呢？是包袱？誰也不敢大逆不道地說父母是包袱，然而，從他們的位置投射出來的一切：他們立下的或好或壞的榜樣、我們繼承自他們的或好或壞的性格，還有他們對我們的羈絆、驅策、寄望、失落，我們偷偷企盼於他們的等等、等等，不都早已被我們化為包袱實實扛在肩上了嗎？有些時候，我們真的以為自己被壓得不能喘息。也許真如莉迪亞・阜蘭所說，在父母棄世後，有那麼一刻會萌生出一種莫名的解脫感，羽翼頓然一輕，天地我獨翔。但片刻之後，虛幻的自由讓人虛脫，一轉頭又見到父母親身後的遺物，那沉甸甸的包袱的重量便統統回來了，而且這次是這麼地具體有形，占空間、有體積、硬梆梆。

遺物，這些村上春樹稱之為曾經和亡故之人「一起行動的影子」，我們該拿它們怎麼辦？附加它們本身不見得有的意義，把對待這些遺物的態度，當作是我們對待故去親人的態度？或是單純把它們當作舊物、廢物來處理，想丟就丟，不帶感情？但事情向來不是這麼簡單的二分法。即使是先此後彼地採取了這種二分抉擇的東尼瀧谷（他先是試圖讓亡妻的七號洋裝和鞋子在另一個女孩身上活過來，不久醒悟「不過是陳舊的衣服罷了」，即叫二手衣店來拿走，多少錢都無所謂，兩年後喪父，他更無顧忌地把遺物當舊物），最終還是不免「（在父親收藏的）唱片的山完全消失之後，東尼瀧谷這回真的變成孤零零孑然一身了。」村上最後這淡淡的一筆還是點破了故去親人的遺物是他們與我們在人世最後的一絲牽繫。但〈東尼瀧谷〉畢竟只是村上快筆虛寫物情，回到真實人生，在打理親人遺物時，物與不物間，是讓人心情無定向擺盪的一整片灰濛濛地帶，有種種情緒說不出。

也就這樣，初讀這本薄薄的《如何清空父母的家》很難不帶著情緒進去，又帶著情緒出來。開頭這端的情緒一半是自己的，自己帶著戒慎恐懼之心走進這個深怕會引爆什麼的主題裡，另一半則源自於作者，作者以理性客觀地審視喪親之痛、不刻意煽動情緒的筆調一點一點安撫了前半的心防。作者身為心理分析家，好像深知該往何處扎針，針尖輕輕一點就有細小的血珠滲出，微微酸楚，但不痛。

於是我們出神地看著她把針左右上下移動，遍處巡查病灶。我們滿懷信任地等著她下針，等著自己隱藏在某處的暗疾就要得到滌清、除滅，幾乎要忘了這裡躺在診療床上的其實是她自己。

但這麼說並不是意味這本書把喪親情緒寫得過於普遍化、一般化，甚至說規格化，以致人人能移情其中，對號入座；而應該是說，作者幾近全面寫到了內心層層次次的感受，即使我們有幸不曾經歷，我們也可能在其中照見某時的自己與父母之間的牽絆，尤其是她精簡扼要地描寫了喪親之後，在面對不得不的日常瑣事時引發的種種困頓、窘促，我們總能認同她的哀嘆，像是在最後一線生死之隔即將打破之際跟母親、父親告別的景況，還有為什麼她斤斤計較著父母沒有遺囑交代怎麼處理遺物，以致她必須殫精竭慮地翻探父母的箱櫃。何況，她繼承的遠不是幾只箱櫃，而是一整間屋子，一整間帶著父母兩人生命史印記的屋子。

看著作者一一追溯這些物品背後隱藏的私歷史、大歷史，我們好像忽然懂了為什麼許多童話故事都會有夜半時分家裡的東西自行活起來、動起來、說起話來的想像。誰真的敢說白日裡靜靜在一側旁觀人世的物品沒有感應人心的力量。而且，就像每個人的生命都會不斷衍生出神經突觸與其他生命做有機連結一樣，每件帶著生命史印記的物品也都會連結到另一個人的生命。莉迪亞・阜蘭在清理父母遺物之間，幾次不意撞見了自己、自己童年的遺跡、祖輩與孫輩之間的祥和天倫，以及自己與父母的糾結，甚而她還撞見了父母的父母，以及他們在她父母身上所留下的懷想與傷疤；家中幾代人盤錯的情感，甚至她父母跨越的那一整個時代的乖舛全都膠葛在幾件不起眼的小物件、小紙頭裡，沉重得讓人想別過臉不看。但也讓人意識到，原來，這世界還是依循著「物質不滅」的定律運行，凡存在必留痕跡。遺物，從這個角度來看形同「歷史證據」。

但遺物，也是「留情」的同義詞，這在本書中處處得見，譬如有兩樣東西所拉出的感情，特別會讓人看得心柔軟了起來。一是作者的「母系遺產」，包括她家中幾代女人留下的手工刺繡、織品，以及母親數十年來親手精心為自己縫製的無數華美服飾。讀到這些段落，不免又想到村上〈東尼瀧谷〉中的那個看到新衣服不買就「單純的單純的無法忍受」的妻子。衣服之於女人簡直像基因一樣，自己是個什麼樣的人在其中表露無遺；莉迪亞．阜蘭也從母親一整間的衣服中，看見了母親和她自己的生命勃發。寬慰的是，她讓母親的這些衣服最後都有了妥善的歸處，以獨特的方式向她母親的才華致敬。

再者，作者繼承的種種父母遺物中，最教人詫異的莫過於情書，她並據以寫成《情書遺產》一書。這些共七百五十封的情書是她父母初識時相隔兩個國家唯一的聯繫，在二次大戰結束後，兩人平均一週互相回覆一次，如此持續三年。我們都能體會戀愛中的人是怎麼看待情書的，但大概沒有多少人「有幸」讀到自己的父母互訴衷曲的情書。「有幸」在這裡顯得弔詭，即使親如父母，在沒有他們應允的情況下擅入他們的私密世界，心裡多少有負擔；但如果有幸獲得這種奇妙的經驗，怕是會比收到情人寫來的情書更加悸動吧，因為正如莉迪亞．阜蘭在《情書遺產》書末所說：「我在裡面看到的，不只是一個愛情故事，不只是兩個共同生活了五十多年的人如何結為連理，裡面還有某種宇宙起源論的成分，一種開基史，一面每個人都想在裡頭認出自己的鏡子：渴望自己乃因愛而生。」但其實我們並真的不需要這樣的情書遺產，因為我們知道，在那一日到來以後，天下父母最珍惜的，也務必要我們珍惜的，就是這個在愛中孕育的遺物：我們自己。

邱瑞鑾：當代法文翻譯名家、文字工作者。東海大學哲學系畢業，獲法國巴黎第八大學法國現代文學高等深入研究文憑。譯有《第二性》、《潛水鐘與蝴蝶》等十餘部法國當代作品。另著有圖書館讀書生活記事《布朗修哪裡去了？》。

目錄

一個母親的死亡，應該是件非常特殊、沒有什麼可與之相比擬的事，而且必然會在我們的心中激起一些難以察覺的情緒。

——佛洛伊德給艾丁岡（Max Eitingon）的信

一九二九年十二月一日

對我而言，這本書具有另外一個含義，一個主觀的含義，而且是在作品完成之後我才發現到的。我了解到在我的自我分析中，有一部分乃來自於我對父親過世的反應；喪父，可謂一個人生命中最重要的事件，最令人心碎的損失。

——佛洛伊德《夢的解析》前言

一九〇八年

情緒風暴

一個無，
這就是我們亙古是、今時是，以及
永遠是，絢爛綻放的：
無之玫瑰，
無人之玫瑰。
——保羅·策蘭（Paul Celan）

我們在任何年紀都有可能會變成無父無母的孤兒。就算已經過了童年，失去雙親，並不會因此而變得較不嚴重。若這種事情還沒被我們碰上，也是遲早的問題而已。即使大家都知道誰也躲不掉，但就如同我們自己的死亡彷彿還很遙遠一樣——其實，是根本無法想像。父母親會死，這個事實，長久以來在我們意識中受到生命長流的屏蔽，我們拒絕知道，寧願相信他們長生不死，將永遠在我們的左右，即使早已接收到疾病或衰老所發出的警訊，我們還是會被那突如其來的死亡給嚇得目瞪口呆。

每個人的生命中都會碰到兩次、要克服兩遍的這件事，過程並不相同。當第一位至親去世後，至少第二位還活著。此刻我們的心糾結著，痛苦著，也許哀慟逾恆，久久無法平復；但等到連第二位也去世後，我們就真的成為一個「沒有家」的人了。雙親在墳墓中聚首，而我們則永遠地被隔離開來。於是，伊底帕斯[1]將自己的眼睛挖出，而納西瑟斯[2]開始放聲大哭。

也許婚姻和友誼這兩種關係的重要性，絲毫不亞於骨肉至親，甚至可能更令人舒適自在。儘管如此，當我們的祖父母和父母都相繼去世後，我們的背後就再也沒有靠山了，我們會覺得後面涼颼颼的，因為少掉了兩層屏障。父母親的死，意味著我們的某一部分也將隨之而逝；人生中最初的那些篇章，自此畫下句點。那些將我們創造出來，賦與我們生命，並最先見證到我們存在的人，從此必須入土為安，而隨著他們一起埋葬的，還有我們的童年。

我們之中，有多少人，只是默默地承受著父母親的去世，而從未能道出那些隨之而湧現的、其強烈程度足以將人弄得心慌意亂或元氣大傷的各種情感？有多少人，覺得自己被一波波、經常是**無法說出口**的情緒浪濤給捲走？誰敢輕易地吐露出心中那把剪不斷理還亂的亂麻？像一鍋彷彿摻雜了憤怒、壓抑、無盡傷悲、不真實感、反叛、悔恨和莫名解脫感的大雜燴，而我們就在其中載浮載沉？

誰能夠坦然而毫無罪惡感地說出這股由各種強烈情緒所形成的漩渦，若它們混亂得教人無以名之？而我們將一直說不出個所以然來，因為它讓我們覺得很尷尬、困惑不安，以致沒辦法給它一個名字？當一個人心裡其實是對已逝者滿懷憤怒、舊怨甚至恨意時，連我們也會不諒解自己吧？那接踵而來或蜂擁而至的被拋棄、掏空和撕裂的可怕感覺，那種比悲傷更為強烈的求生意志，以及因能夠存活下來而產生的喜悅和勝利感，生命和死亡

---

1 Œdipe，希臘神話中的悲劇英雄，在不知情的狀況下弒父娶母，母親知情後，羞愧地上吊自殺，伊底帕斯則刺瞎自己的雙眼。

2 Narcisse，希臘神話中的美少年，愛上自己的倒影，為自戀的象徵。

詭異的共存——這些都是正常的嗎？

多少小生命的形成——也許包括我們自己在內——都要歸功於那想要用肉體歡愉來對抗死亡及喪親之苦的念頭？誰又敢承認自己曾如何瘋狂地尋歡作樂，甚至耽溺其中，放浪形骸，如飢似渴，揮霍無度？每一個人，都會以各自特殊的方式，來經歷這場情緒風暴的入侵、掠劫，而且只能自己面對。

有人選擇像頭受傷的野獸，走得遠遠地去自行舔舐傷口，但時間並不能治好什麼，只能讓痛楚不再那麼劇烈；有時候傷口會變成一個疤，讓人一望便知那兒有個永遠無法撫平的創傷。有人則是行動派，利用現實生活中的千百件瑣事來使自己變得麻木不仁：應該解決的問題、應該償還的債務或該處理的遺產、兄弟間因此而產生的嫌隙以及許多陳年的舊帳等等。

還有人會一板一眼地去執行那些儀式性的動作，行禮如儀，堪稱喪親子女的典範。他們進退得體，穿著黑衣素服，說著場面話，然而他們內心裡真正的感受則絕不會洩漏半點：其實他們很生氣、無所謂、沒感覺，心靈深處因為童年不曾得到足夠的尊重、讚美和愛，還在那裡悲憤絕望地啜泣——何況從今以後連指望都不必了。不過，也有人找到了寬恕的出口，有辦法跟死者重新言歸於好。

一個人需要時間來慢慢沉澱，才能和生命中的已逝者和好，讓回憶得到安寧。四季將逐一重現，而生命也會循序漸進，一步步地戰勝死亡。無論它看來有多卑鄙或狂暴，如果我們能夠穿越過這場情感的風暴，而未曾排斥其中任何一種情緒；如果我們對從心底湧現的那些東西都可以接受的話，到頭來還是會釋放出一種平靜，就像洪水後的重生，就像自我又找回了春天。即使，失去雙親，對某部分的自我而言，仍然是個無法彌補的恥辱。

過去，死亡是一件由整個社群共同來面對的事情，宗教信仰和風俗習慣把該做什麼都規畫得好好的，讓喪家有所倚靠。但今天，辦喪事成了私生活領域的一個項目。大家在殮葬死者時，只能笨手笨腳地比畫著自己發明的儀式，接著急急忙忙地想把喪事的痕跡從社交生活中抹去；不再有黑紗，沒有噪音，沒有眼淚，沒有任何肅穆的氣氛，外表上絕對看不出一絲不幸的跡象，至多請一天的假，然後日子就會回歸常軌。大家都發現自己成了形單影隻，除了剛開始的時候有人陪伴，之後的服喪期還是得靠自己熬過來。這種事是不能拿來分享的。

至於很常見的，像老人家過世前那幾個月甚至那幾年有多難捱、多辛苦，現在也沒有人會拿出來講了。父母老了、病了，身體健康或緩或急的衰退，愈來愈遲鈍、不靈光，直到失去了自主能力，他們的病痛除了必須自己承受外，家人——有時包括他們的老伴——也都跟著遭殃。但現在這些都沒人提起了，而且我們第一個想避開的話題就是這個，因為它讓我們覺得很丟臉。

我們能如何表達出心中的哀傷？不僅如此，還有那些被雙親的前後不一致和不公平所激起的憤怒、厭煩、不解和痛苦的情緒？我們如何道出他們再度變回小孩子的時刻：一方面想讓我們扮演父母的角色，同時又不願意因此而失去對我們的掌控？把這些都說出來，會不會對不起他們？這麼做，是否觸犯了一個古老的禁忌，就像《舊約聖經》中諾亞的其中一個兒子那樣，因為任由父親赤身露體卻未幫他遮掩而獲罪？

驚惶失措、心力交瘁的我們，害臊地將目光移開，想找個東西幫生養我們的人把這幾乎是不堪入目的殘餘生命給遮掩起來。每個人都在想辦法度過難關——用那些總是不牢靠、不快樂、火藥味十足的方式「修修補補」，並且保持沉默。

清空作用

佛洛伊德不曾動手清理過父母留下的房子，他的妹妹朵樂菲（Dolfi）就住在裡面，直到大戰爆發被送進集中營為止。不過佛洛伊德自己也只比母親多活了九年不到。且說，他如果考量過這樣的舉動可以牽涉多廣，也許就會把此一令人痛苦卻有解放療效的**清空作用**（travail du vide）納入他的理論體系中吧！它讓我們再度面對自己那些最原始的幻想：讓我們又成了一群嬰孩食人族，貪婪地覬覦著父母親的財物；一群積恨已久的復仇者，像患有強迫症似地非得掌控整個從滿到空的流程不可；一群可以隨時隨地把口袋掏空的青少年，贊成「把一切統統扔到海裡去」，目空一切、狂熱、渴望和父母斷絕關係，一心一意想抹殺過去；或一群其實頗有心要盡孝道的大人，卻無時無刻不受到那些陰魂不散的往事糾纏。

當我們剛剛失去第二位至親，幾乎就得同時穿越一種最痛苦的經驗、一種混合著各種矛盾情感、一種極其沉重的任務：清空父母親的家。於是，就在此同一時空中，所有的情緒都爭先恐後地一下子全湧上我們的心頭：密集的宣洩期、焦慮與精神壓力、惱怒和幸福、痛苦及狂喜。

清空，這個詞讓我覺得很彆扭。我的意思是「整理」，但整理不過是整個工作的一部分。當然，除了將東西分門別類，裝箱打包，判斷價值之外，還得決定哪些是要送人的，哪些是要丟的、賣的、保留下來的。到頭來，除非是住在代代相傳，物品也是一代疊過一代的祖厝裡，我們的任務確實**就是去「清空」父母親的家**。

清空，這個字眼聽起來陰森恐怖，讓人不舒服，瞬間聯想到盜墓，就像潛進死者的國度去竊取機密（什麼金字塔的詛咒之類的），讓人覺得自己跟專吃屍體的禿鷹或專門打劫死人的土匪沒兩樣。

於是有人會試著用不那麼粗暴，比較平緩、溫和的字眼，譬如「打掃」，或甚至是「關起來」。彷彿所談論的是一座夏日結束時的度假小屋。但如果這也算是一種告辭，那就是永遠的離別，再也不會結束的假期。

生命的本質，就是一種攻擊性，無論我們是否願意，不論這會不會顯得有點卑鄙。長江後浪推前浪，後浪起來了，前浪就倒下去，「國王駕崩，國王萬歲」，這和某種象徵性的謀殺可謂不無關聯。只因為我們將繼任他們而活下去，我們之中的每一個人，都是殺死（而且不僅僅只是在夢中）

老父或老母，甚至是兩者的凶手。

這麼說也許很令人反感，但事情就是如此：曾經看著我們誕生的人，會在我們的眼前死亡；我們的孕育者，最後將由我們來埋葬。我們不曉得父母的童年和少年時期是怎麼過的，而他們也不會知道在我們這輩子最後幾年的境況，一如我們也見不到我們自己孩子們的晚景。我們在我們的原生家庭裡誕生，在我們建立的家庭裡死去。所以，沒錯，當輪到我們的時候，我們登上國王寶座，因為我們也成了未亡人。白髮送黑髮才是慘絕人寰，黑髮人送白髮人，乃天經地義，但，還是不容易。

這就是心理分析所謂的現實考驗。漫長且無法避免的服喪作用，就從對死去雙親的過分投入開始。之後，為了活下去，我們才會漸漸放手。

揮之不去的，首先是那種喪失的情緒，而就算已經過了很久，我們仍將無法接受，這損失是永遠且無法彌補的。住在我們裡面的那個小孩，開始大聲地抗議。我們之所以哭泣，不僅是為了那逝去的至親，同時也是為了我們本可以得到的親情，以及我們在其中長大成人的那份安全感。我們不禁要自問：他／她之所以會死，難道是因為我的關係？我也許在無意間，用我自己那些過度貪婪、暴力的幻想，殺死了我的雙親？

那麼，如何而能不感覺罪孽深重地清光父母親的家當？假設在其中我們所取走的，正是那些在很小的時候，或在幾個潛意識深處的場景裡，曾經幻想過要奪取的東西？如何去實現那一切（這次是來真的，而且竟然還完全合法）在此之前不得觸犯的禁忌？為何身為繼承人，就能從某一個時刻開始，愛拿什麼就拿什麼，沒有限制，並享有絕對的使用權，完全不犯法——而那些東西，在數個小時之前還是別人的財物？如何而能長驅直入，進到那些打從我們出生到此時此刻為止就不屬於我們的禁區？我們憑什麼可以在裡面隨心所欲地劫掠、破壞、捨棄，而絲毫沒有受到懲處之虞？

難道是因為我們本身起了任何變化的緣故嗎？沒有！完全沒有。

遺產這種東西，既非餽贈，亦非獎賞、獎勵、賠償、贍養費或救濟金。分到父母親的遺產，跟獲得他們贈與的意思完全不同，甚至完全相反。透過繼承方式而成為業主，所收到的並不是一種禮物，而是合法地擁有一份財產，得到它的使用權，但立遺囑人並不見得曾指名要把這東西留給我們。

「繼承」和「贈與」的意思剛好相反。用遺囑的方式來贈與，立囑人的意志很清楚，是他的自由選擇和個人行為。但遺產裡卻看不到任何意願，也絲毫不在乎誰來繼承。法律有責任讓一個人的財產留傳下去，不讓它成為無主之財。在沒有特別指定的狀況下，這些財物就必須由法定繼承人分得，並由專業的公證人來判定或尋找法定繼承人。這樣的法律文件有個名稱，叫「證明書」（acte de notoriété）。這裡的證明，不是關於聲望名譽的認可[3]，而是在證明一個眾所周知、顯而易見、大家都同意的事實：某某繼承人並非冒充者，他確實可以透過親子關係而獲得某批該由他接收的遺產。

好吧。我於是成了法律認定的合法繼承人，但就情感而言，我難道不也算是個冒牌貨嗎？我怎能拿走那些人家沒給我的東西？父母親還活著的時候，從未曾說要將那張美麗的、我很想要的波斯地毯送給我啊！為什麼如今他們一死，我就可以拿了呢？他們從前不想給我的，我怎能拿得心安理得，而不覺得自己是在強迫他們，欺騙他們，甚至扒光他們？

繼承文件裡面有一條寫得很清楚：「**就目前所知，死者[4]並未立下遺產處置。**」幻想與現實，就是這麼串通起來的。父母親如果曾立下遺囑，我至少可以得知他們的最後遺願。沒有他們的確認，我怎麼知道他們是不是同意我的做法？他們真的願意讓我來享有他們的財物嗎？在罔顧彼此意願的情況下，還是擁有了父母親不曾讓我們「接收」的東西，這又有什麼意義呢？

也許父母親並不曾思考過這個問題，因為答案對他們而言太明顯了。然而，即使是理所當然的事物，如果能夠**說出來**會更好，不然我們的心裡會一直有陰影。

「清空父母的家」，光用聽的就令人毛骨聳然，正因為這幾個字觸及了潛意識裡的一個真相。

法律是不講感覺、沒有模糊地帶的。法律規定的事情，語言會去避諱或

---

3 Notoriété，此字也有聲望、聲譽的意思。
4 此處指作者的母親。

更委婉地表達，甚至複雜化。我們內心的交戰和猶豫不決，其實在字典裡講得最清楚。

清空（vider），及物動詞。使一個容器、一個地方變空的行為；自某地撤離，驅離，拔除。反義字：填滿、裝滿。

像個陰險的法院執行官那樣把自己父母的家具從他們的家中搬走，像個小偷似的掏光他們的抽屜和箱篋，或像個盜墓賊般把巾被、衣物、杯盤、紙張等他們留下的一切生命軌跡弄得一團凌亂。表面看起來是在清空他們的寓所，但其實我挖的難道不正是自己父母的腸肚，像殺魚殺雞似的全掏出來？

這樣的聯想可以在法語裡面找到回響：字形和發音都很類似的vider（清空）、évider（挖空）、étriper（掏出內臟）。Vider同時也有清洗、關閉、耗盡、結束的意思。是否這些衍生字義的攻擊性一個比一個強，致使將它們說出來或寫出來，變成了一件令人無法忍受之事？彷彿在這個我們每個人（除非是有兄弟姊妹代勞）遲早都要去完成的任務中，裡面的暴力成分是如此巨大，所以大家都寧願守口如瓶。

這本書還要寫下去嗎？我是否不該去掀開人人內心裡那一塊不願曝光的黑暗區塊？或者相反地，試著透過文字，去理解這種重壓在我們心頭上的緘默，不是會更好嗎？譬如一個已經惡化的膿腫，大家都會告訴你最好將它切除、割開、打開、刺穿，總之就是把裡面的膿清理乾淨？我們不也常說清空自己的心？

清空會讓人比較輕鬆。是的，我們親愛的家人過世了，我們曾經那麼柔順地愛著他們，而且也被他們榨枯、擠乾、掏空了。所以現在輪到我們來清空他們，彷彿這樣可以消災解厄或不再做噩夢。

這麼說是否太過分？我會不會太偏激了？

我會不會是被那些正義的幽靈所糾纏，它們在我噩夢連連的夜裡徘徊不去，要我還給它們一個公道？或者，這是解放內心的不二法門，終於能夠為自己的童年畫下句點，把過去的紛爭和不愉快都清掉的唯一機會？清空，也是為了把自己清乾淨：把自己的面具摘下來，讓自己宣洩出來。

空的過渡儀式：在很難捱的時刻，我們必須跨過去的似乎是虛無。中古世紀時的人說 Vuidier un dit，意思是「做出判決」。想辦法去解決一件爭端，讓它平息下來，讓它得以結束。

那麼，讓我們開始吧！不要再猶豫了，把問題拿出來清空。就讓我們說出那些不能說的。我要開始了，用的是過去式，就當作是在講故事。

在死亡的階梯上

在不情願的別離上
在赤裸裸的孤獨上
在死亡的階梯上
我寫下你的名
自由
——保羅・艾呂雅（Paul Eluard），一九四二

首先，要明目張膽。必須去踐踏一切「不探人隱私」的道德原則：在個

人文件裡翻找、打開所有的包包、拆開不是寄給我的郵件並開始閱讀。對教導我做人基本原則的人，做出不符合這些原則的事，讓我覺得很受傷。我從來不知道什麼是刺探；我從未搜過什麼人的口袋，也不會隨便打開人家的抽屜，更不會去偷看別人的信。但行政單位是不會不好意思的——我母親才剛過世幾個小時，他們跟我要的文件逼得我不得不到處翻箱倒櫃，刺探她的隱私；打開文件夾，在銀行帳單和行事曆裡翻閱，好找出那些必須分別繳交給戶政管理單位、社會保險局、公證人和墓園的紙張或證明書。

再來是，最明目張膽的嚴重犯行：必須做出正式聲明，宣告那個曾經懷胎十月把我生下來的女人，已經死亡的事實。

得通知親友，打電話給家人、朋友，說出那些難以啟口的話。該怎麼表達呢？

「我有個壞消息要告訴你，真是非常不幸，唉！」先用低沉沙啞的聲調暗示接下來將以言語說出的無可挽救之事。「幾個月來她一直病得很厲害，三度入住加護病房，從倫敦回來時，支氣管發炎就很嚴重了。」然後角色顛倒過來，我聽見自己在安慰對方，把他們的悲傷接收過來，勸他們要節哀順變，找話來安慰他們。

「沒有，她沒有受很多苦，她是在我懷裡過去的，我吻了她的太陽穴，輕撫她的臉龐，拉著她的手。M拉著她另外一隻手。對，我後來有照她的希望，帶她回家。她是在自己的床上走的，床邊圍繞著兒孫。她就像支小蠟燭似地熄滅了。」

有沒有忘了誰？我翻著她的聯絡簿，一頁又一頁，感覺都麻木了。哪裡來的力氣打這麼多電話，一次次地重複著這些讓她的死亡更形具體的句子？

而在她剛斷氣的數小時內，空氣中還飄浮著一層如保護膜般的不真實感，就像處在某種接受事實前的三不管地帶。也許當時的我不過是一具機器人，背後有一隻看不見的手在操控著做這做那，想都不想：一些很枝節卻充滿象徵意義的動作，譬如登在報上的訃聞該怎麼寫，要用哪些字，什麼名字，須在幾日內刊登，不能超過幾行，確認信件已在期限內寄達，最後再去將報紙買來，看看登出來的訃聞上有沒有出了什麼不該出的差錯……

做歸做，但其實我並沒有意識。我心底有個細細的聲音一直在盤問自己：妳該不會正在殺死她吧？妳到處跟人家說她死了，但其實這不是真的。我說——但因往日遺留而未能化解之罪惡感的干擾，所以語氣並不很堅定——她是在我的臂彎裡過去的，我親眼看著她的呼吸愈來愈慢，直到吐出最後一口氣。我還親手將她那雙美麗褐色眼睛的眼皮闔上，也摸過了她尚有餘溫的皮膚，把被子一直拉到她那我曾經依偎，今後卻再也不會起伏的胸前。

然而，從生到死，真的是只有一線之隔，再簡單不過，但同時又是如此令人費解，以至於幾個小時後，當我再度看見她躺在床上，頭下面墊了許多靠枕時，覺得她好像只是動了一下。

我在陪她走完最後這段路時，心裡並未感到絲毫恐懼。她早就要求我答應一定要陪在她身邊，我已有心理準備，我不會將她拋棄在一間無菌且無名的醫院病房裡。

但我卻沒有能夠陪著父親走完最後一程——當時他因某種藥物所引起的罕見副作用，健康出了意外而被送進加護病房。我一直在他身邊，直到醫院為了搶救而對他施行人工昏迷。他那時都靠人工呼吸器在維持生命，整整一個月的時間，我坐在他的病床旁邊，輕撫著他的臉頰和雙手，還能在他的指頭上找到那種熟悉的觸感：從那顆印章戒指，直到小指最末的手指節，跟我一樣都有點太短，彎彎的。這是我倆親子關係的最佳證據。我們都有一根長得跟別人不太一樣的小指頭，兩人常會拿它來開玩笑，並且也因此而感到驕傲，因為我們被一個比眼珠或頭髮顏色更不明顯的身體特徵連結了起來。這是我們的祕密印記，父女間的一種無須言語溝通的默契。

我父親死的時候，並不知道自己即將死亡，我們甚至沒有道別，這對他來說究竟是更好還是不好？我們永遠也不會知道了。每個人走的時候，都會帶著一些祕密。也許他死得就像他活著時那麼低調，那樣優雅而含蓄。他是突然消失的，就像從人間蒸發一般，兩天內就解決了，未曾給他的親人帶來任何負擔，當然也沒有臨別贈言要送給其實很想聽聽的女兒。

也許父親在無心之間，讓我有機會去找尋他來不及送給我的話語——一件無比珍貴，需要自己去填充的禮物。我從未想過能從這個角度來看事情，我一直埋怨著他的沉默，害我只能提著空空的行囊，孤零零地走向這個大世界。

父親的離去，我一直覺得不像死亡，而只是消失，殘酷而令人痛苦萬分

地漸行漸遠，終至無影無蹤。直到整整兩年後，我方能開始感受到那種慢慢往下沉澱的平和。

母親臨終前，呼吸困難，口中喃喃地念著她就要去和父親會合了。她希望我可以陪著她，不然怕走得太辛苦。我來到她身邊，覺得自己在母親生命最後的幾分鐘，終於得到了那種之前她一直拒絕給我的東西：讓我可以令她開心、滿意，允許我符合她的期待而不用被她批評，不必再聽她的冷嘲熱諷或忍受她最後再來一記回馬槍。我們母女之間，就只是很單純地分享著一股柔情。

我吻了她的太陽穴、前額和兩頰，在她的耳畔重複説著一些溫柔的話。思及自己這一輩子都在設法取悅她，想從她那兒獲得一種無條件的愛卻徒勞無功，未料竟是在告別之際，在最後一刻，她終於對她的女兒感到滿意，再也沒什麼可怪罪的了。她接受了我伸出去的手、我印在她肌膚上的唇和吹進她耳中的話語。這是第一次我讓她感到滿意，也是唯一的一次。她接納了我之所以為我。她信任了我。

我說不出在這樣奇特的經驗裡，欣慰的成分是否更勝於哀戚。在我們兩人終於和好的那一瞬間，我實在高興不起來——因為媽媽的時刻也已經到了。我該因此而恨她一輩子嗎？我們兩人不和睦、有誤會、不了解彼此的時間已經夠久了，是該講和了。而她如果選擇在臨死前才這麼做，其實也沒有關係。母親是個有堅定求生意志的人，她常跟我說，不幸之中總會有大幸。或許她也曾因自己的要求太高而受苦，或許她從沒想過她那尖銳的言詞、刺耳的句子和那種斬釘截鐵的語氣，殺傷力有多大。她用她的方式來愛我，即使是有點笨拙。

失去雙親，在淚水中，尤其是在那種必須摘下面具的痛苦中，體驗到了無依無靠的虛空。假使之前我們對此尚未有所體認，那這就成了最後一個機會，讓我們可以看見父母親脆弱的一面，知道他們的限制在哪裡。到頭來，他們畢竟也只是芸芸眾生之一。

而我也盡到了責任，護送母親返家，讓她如願以償地在我懷中過世，這樣一想，我的悲慟似乎不再那麼沉重，我又有了力量去面對那些接下來該完成的艱鉅任務。

在她的葬禮上，我朗誦了詩人保羅．艾呂雅的〈自由〉——她的最愛之一。

原爆點

奇怪的矛盾現象：所有那些我在兒時或青少年期間曾經夢想過、覬覦過，想要卻得不到，或大人不許我碰的物品（「妳長了兩隻左手，一定會把東西打破」），所有那些禁止我使用或穿戴的東西（「因為妳這人很粗心」），突然之間全掉到我頭上來了。

我怎麼想，父母親又怎麼想，都不再重要了。期待、覬覦、淚水或憤怒，再也不必忍耐，甚至壓抑，法律已經為我們做出了裁決：「唯一的合法繼承人」。按照公證人的說法，一切的一切，都該由我整個地、懷著雜沓而混亂的心情接收。

我曾經想要擁有的、我現在已經不喜歡的、我覺得很占空間的、來得太遲或太早的、我不曉得能拿來做啥的、讓我深受震撼的：這些東西，以遺產的名義，從今以後全都屬於我了。

但我什麼都不想要。我完全沒有欲望，我麻痺了。

不是心甘情願、出於自由意志親手贈與的東西，很難拿得心安理得吧？父母活著的時候不曾想要交給我的東西，我憑什麼可以帶走？法律主張：成為孤兒，就是可以行使繼承權的意思。這中間實在省略得太厲害，讓人摸不著頭緒。未曾征服的領土，可以進去掠奪嗎？他們從前拒絕給妳的東西，怎麼現在就可以大大方方地拿了？當我把當初母親不肯送我的那個擱腳凳帶走時，內心裡如何能不感到一股可怕的復仇快感？為什麼我就該忍受這種「於法有據」的荒謬情緒？如果我不想要他們的某個很寶貝的檯燈或桌子，我可以把它們賣掉嗎？那件用包裝紙包起來的黑色絲織上衣，原來就是要給我的嗎？我究竟是這件禮物的繼承人、送禮對象，還是篡奪者？這些東西到底已經是我的了，或者仍屬於他們？

一股空虛和壓迫的感覺，在我內心漸漸擴散。

「唯一的合法繼承人」，在法律上的確沒有人可以跟我一起瓜分財產，但我竟是如此急切地想要送出去，把東西給人。難道這是為了減輕自己的負擔，為了逃避這種獨自和雙親亡靈一起關在一個密閉空間內的窒息感？我是他們的獨生女，沒有兄弟姊妹，他們在世的時候只有我一個孩子，死後也只有我能送終。我因此成了孤零零的孤兒，無依無靠的繼承人。我唯一想從他們那邊接收過來的，只是他們的信任。我多麼希望他們在生前就

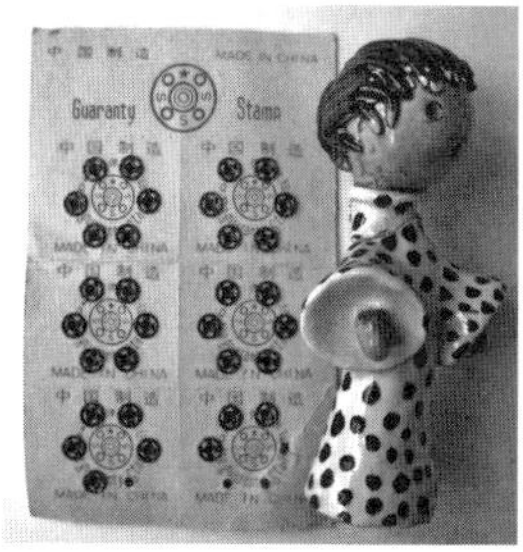

能夠給我這樣絕對、全面，不可動搖的信任！

如今，送給我這些一動也不動的東西，這些奇奇怪怪的玩意兒，這些無人可分享的紀念品，有什麼用呢？究竟是它們拒絕了我，還是我拒絕了它們？它們昔日的魔力已經消失，無法再令我感到炫惑。我用帶著敵意的目光，望著眼前的「這一大堆」。這些東西有多少價值？譬如這個小擺飾、這條絲巾、這幅父母親從未說過要給我的水彩畫，以及這部本來應可給我的小孩使用，但他們卻從不覺得有必要讓孫子拿去的字典。還有這瓶香水，他們本可以笑笑地就給了我，但它最後還是落在我手中，獨缺他們的笑容。

我反對遺產制度，贊成贈與的方式。每個人都應該立遺囑：哪些東西要給人，要給誰，白紙黑字講清楚。代代相傳不是一件自然而然的事，而是一個選擇、一種奉獻，一個清楚明白、經過深思熟慮的交棒動作。不要因為大家都這麼做就認命，被動地聽天由命。我雖繼承了一筆遺產，但我多希望自己收到的是禮物。

我心裡一直有個揮之不去的疑問：他們屋裡的東西，我該怎麼處理？我真的有選擇的自由嗎？法律把一個仍屬於他們的世界，完全地交給了我。

每一件物品、家具、衣服和每一張紙，都像擺在十字路口上的羅盤，只有四個去向：留下、送人、賣掉或扔了。我的眼和手，每碰觸到一個東西，就得做出一個決定。一間屋子從地下室一直到閣樓，能裝進多少東西？而我何止千百次地必須對每件東西做出評估，並決定它們的去留：丟掉？帶走？給人？或看看可以賣多少？……結果大部分的物品都歸入「待處理」或「再看看」這一大類中。**「維持現狀」**（statu quo）竟然遠超過那四個理所當然的正確方向。我感到無比沮喪，覺得自己快要被這間房子給淹沒了。

剛開始時，我以為自己是在「整理」而非「清空」父母親的房子。但我也曾經將這兩個詞搞混過好幾次。

儘管很多人將整理東西或搬家視為畏途，但這些看似平凡無奇的動作，若是在這樣的情況下進行，也會變得令人難以忍受：必須去翻攪死者的過往，且時刻都得面對斯人已逝的失落感（他們都不在家，我來這裡做什麼？）。

死人不會就這樣從我們的記憶中消失，我們可以隨時隨地召喚他們，他們仍繼續活在我們心中；不過相反地，他們就無法再考慮到我們了。和死人的對話，只能存在於幻想中。對他們而言，我們才是真正地不復存在。我們於是忍不住要想像，如果他們還在的話，會對這一切如何評斷？他們是否會同意我們的做法？我有沒有違背他們的意志？他們如果知道我一點也不想搬進他們的屋子裡居住，會很錯愕嗎？為了替自己打氣，在我內心深處，我一直跟自己說，如果他們覺得有必要的話，大可白紙黑字寫清楚，但既然他們什麼都沒說，那就表示我可以按照我自己的意思來處置了。

我父親和母親從此安息在我心裡，現實生活中再也沒有任何證據可以和我心目中的父母形象唱反調。那些我自己發明的相貌，那些我按照自己的方式重新組裝起來的記憶——他們就在我心中，完全屬於我了。如此的印象，是在心平氣和裡的暴力之作：環顧家屬之中，堂上再也無人，身邊只剩下平起平坐的和排在後面的；該我坐上高堂充當大家長，成為某世系的開山始祖……

我凝視著周遭一切，突然覺得頭暈目眩。

我怯懦地決定以後再來解決這個兩難的困境。我選擇先拿走幾個小物、幾本書，都是我少女時代的東西——但我一直放在娘家不想帶走，彷彿這些是我和過去的最後一絲連繫，這樣就可以確保此處一直是我的地盤，而我並未和原生家庭完全脫離關係，還是可以回來尋求庇護。

我的第二步棋，是去收回我曾經送給他們的禮物。

小時候跟人吵架，我們都會大聲抗議：「要給就給！收回去的是賊。」我成了小偷？有些東西我能拿得臉不紅氣不喘嗎？譬如「七星文庫」（Pléiade）裡那兩本普維（Prévert）的詩集、從紐約帶回來的水果盤，或從威尼斯帶回來的莫迪利亞尼（Modigliani）畫展目錄（扛著它在威尼斯爬上爬下地過那些橋真的很辛苦），或是那個他們並不是很喜歡的花盆？

事情好像沒有那麼簡單，每件物品都在提醒我他們不在了，讓思念和孤獨更加深切。我的任務又如此艱鉅，屋裡的東西實在太多，而傷口仍然太新。我退縮了，我感到一股巨大的壓力往肩頭落下，我想要逃走，躲起來。「白痴！」我對自己說：「別再那樣畏畏縮縮好嗎？妳父母生前給妳洗的腦還不夠？他們都死了妳還要自我欺騙？妳愛怎樣就怎樣吧！」

我爬上閣樓，在一個角落裡，發現一個用黑色毛氈縫製的，有張圓滾滾笑咪咪的臉、紅紅的厚唇、睜得大大的雙眼，兩邊耳垂掛著大大金耳環的

——我小時候睡覺用的抱枕，我親愛的班布拉！——我像從前那樣，將她擁入懷中，然後又放回原位。

電話鈴響了，我接起來。是指名要找母親的，想問候她的近況。那人還不知情，把我們母女倆的聲音搞混了。不，我說，我不是某某太太，我是她女兒，我取而代之把自己的名字告訴對方。她不在家，永遠不會回來了。

離開之前，我走進了他們的房間。每一樣東西都還在，毫髮無損。

床頭，我母親睡的那邊，擺了一張我父親的照片：年輕漂亮的影中人，倚在一扇打開的窗前，臉上的微笑已經持續五十七年了。另外在他睡的那邊床頭上，則是一幀隨著光陰流逝而逐漸蒼白的照片，照片因解析度不高，在媽媽和我的臉部特寫上顯出了斑駁的黑點。相片拍攝於一九七二年，在紐約雙子星大樓其中一棟的最頂層。原爆點。

太少和太多

父母親的家中有種神聖不可侵犯的氛圍，碰了便是干犯禁忌，便是褻瀆。如何下定決心將這個家中的特殊氛圍全部剷除？而又該從哪裡割下第一刀？一次處理掉一個房間？哪一間？有哪個房間比較不會讓人想起往事嗎？生命的虹彩仍在每件物品上閃爍，已故主人留下的痕跡，還在這屋內的所有角落裡微微顫動。所以，我能從哪兒踩躪起？自何處下手？難道破壞一定都得很暴力嗎？我的手，淺淺地滑過那些東西的表面，拿起其中一個端詳，放下來，再拿起第二個，遲遲無法為它的命運做出決定。從廚房、客廳還是飯廳開始收拾？去拆開、分離、打散？都在辦喪事了，為什麼我還得讓這個家看上去更凌亂，更悽慘？

物品不只是物品而已，上面還會有人留下來的印記。物品可以讓我們的存在延續下去。那些我們已經用了很久的東西，其忠誠度——以它們卑微而正直的方式——絕不亞於我們身旁的寵物或植物。每件物品背後的故事、涵義，和那些使用過它，愛過它之人的生命史，全都混在一起了。物品和人，因而形成了某種很難拆散的整體。我在這屋裡游移著，感到徬徨，不堪負荷，以及無力。

既然不得不做個了結，我於是決定不拆開他們的個人資料和文件，先把它們帶回家。等喪事辦完後，有時間和精力了，再慢慢來整理、分類。

我把我家的停車間改裝成檔案庫，在裡頭釘了一層又一層的書架，架子上擺的那些盒子、卷宗和講義夾，全是他們這些年來積聚的成果：三十、四十甚至五十幾年前的信件、紀念品、銀行對帳單、電話和電力公司的帳單、保險補助或扣稅單，他們全部，統統，都留了下來。這堆紙張，需要好幾百個漫漫的冬雨夜才能一一過目消化吧？不然怎能知道是不是重要的文件？可不可以丟掉？

那一整排母親為了重建她父母雙系族譜而蒐集的卷宗、卡片和文獻的數量（其中還包含了一些我父親這邊的斷簡殘篇），尤其驚人。母親以她天生的耐性、細心、對秩序和完美的追求，完成了一件可說是非常艱鉅的工作。

我是不是該成為父母親這一生的檔案管理員？把我的屋子變成緬懷他們的紀念館？一座敬拜祖先的祭壇？若說飲水思源、人不忘本是件好事，但當這些根本，全都從地底下跑出來，要危害到整棵樹的枝葉，乃至於讓它幾乎窒息時，這就危險了。

當年母親開始有寫族譜的念頭時，我二十歲。對我來說，她的這種舉動有點可笑。她的一頭熱，讓我覺得很無聊，與其知道她的第幾代祖先曾經是拿破崙軍隊裡的樂師，我還寧願聽她講講自己從前在納粹集中營裡的過去。她高高興興地和她的祖先們相認，卻忽略了對她的下一代而言，親子關係並非那麼容易地不證自明。整個種族滅絕計畫，讓所有世代之間的連結都斷裂了。她在找尋她的祖先，而我也無從得知自己母親的生命史。

她一頭栽進族譜編纂後，在數個月之中，拖著父親跟我，在萊茵河和摩澤爾河（La Moselle）間那些靜悄悄的墓園裡尋覓，一旦找到先人的墓碑，便恭敬地把上面那些還能夠辨識的碑文抄錄下來。我那時總喜歡爬到樹上，或隨便往哪塊石頭上一坐，不為所動地讀著普魯斯特[5]，繼續另外一

5 Proust，一八七一～一九二二，法國作家，著有《追憶似水年華》。

種**追尋**。雖然受到墓碑的包圍，但文學給了我一群想像中的祖先，讓我在面對那自古至今綿延了五十萬代的列祖列宗時，有個逃避的出口……

母親的族譜資料蒐集，可上溯至十七世紀，但她生前並未來得及將之整理成冊。不過，她晚年倒是曾為孫女寫了一篇文章，回憶二〇年代時她在出生地科隆（Cologne）和萊茵河畔鄉野間所度過的快樂童年。故事講到她搬去史特拉斯堡（Strasbourg）後便戛然而止，儘管我一再堅持與鼓勵，但她就是無法繼續下去。

那是在一九三三年，希特勒取得政權之後，她來到史特拉斯堡，很驚喜地發現這個國家的每座市政府門楣上，都會用大寫字母排著**自由**、**平等**、**博愛**等字樣。

我懷疑是父親不讓她寫下集中營的經驗的。父親說，這是為了避免她太過激動，但他這麼做也有點是在保護自己吧？即使後來父親過世了，她還是不曾違背他的意思。但我知道她跟父親一樣，都曾參與由某大學基金會所主持的訪談計畫，名義是為下一代留下見證，而且還有數小時的訪談錄影帶，內容就是他們這些倖存者對納粹集中營的回憶。

這批訪談錄影，他們從未問過我想不想看，我則是自己覺得沒有立場要他們讓我看。這股我們之間誰也無法打破的沉默，一直延續到他們死後。

這個禁忌，還是必須由我單獨一人來突圍。他們不想讓我知道的，是不是比我看過或聽過的更糟糕？我想知道的，卻是一些我不可以知道、他們不想讓我知道的。這是一種被禁止知道的知識，一種沾滿恐懼、屈辱、否定，在冰塊中被凍結的知識。

父母親曾經為了活下去而搏鬥，而像我這種生長在大屠殺之後的孩子，則必須為了擺脫上一代的陰霾而奮戰。為了活出自己的一片天，我們必須從那股尚未分化的、沉重無比的岩漿中，從上一代那受創的記憶中，分離出來。

不斷地自我分析：想把自己的和父母的心理做出區隔。

或許是出自偶然或直覺，不然在眾多的可能性當中，為什麼我會特別想要打開這個被光陰在上頭塗了一層古銅色的小小皮箱？裡面是一疊我從沒聽說過的信。是我的祖母寫給父親的，用的是德文，一九三八年，他那時才十來歲。信中是一段我父親從未在我面前提及的過往。

祖母是俄國人，一九四二年被送入集中營，並死在那裡。我對她一無所知。多年以來，我的聯絡簿中一直夾著一張她的相片：雙手將一隻小貓舉到面前，對著牠微笑，她的眼神溫柔而愉快，頭髮梳成髻，高高的顴骨，非常斯拉夫。相片背後以藍色鉛筆寫著：「**席凡寧根**（Scheveningen），一九三九」。

她走了，同時也帶走一整個世界：俄國族親、俄國菜、俄國話、俄國回憶、俄國姓氏。我很希望能夠多知道一點她的事情，但父親很少提到她，彷彿那會讓他很痛苦似的。

我父親最後一次見到祖母是什麼時候？他何時得知她悲慘的死訊？小時候，我常常想像自己跟著祖母一起走進毒氣室裡。在我的想像中，她就是囚犯的樣子：驚惶失措，瘋狂地擔心著孩子們的遭遇；她無法呼吸，窒息，無比恐懼，滅絕。

她有沒有留下什麼給我父親？有一疊信，和一兩張相片，也許是臉部的幾個線條和臉型，還有一個戰後才拿回來的，他大哥幫他保留的小首飾——一個藍色搪瓷的圓形頸飾。我本想要拿來戴，但不知何故被拒絕了。我所能得到的只是她的名字：蘿絲。這是個很沉重的贈品。

懷著憂鬱和辛酸、悲傷和痛苦、感恩和心灰意冷的心情，我想我是幸運的，能夠看著父母親老去，還留下許多讓我得以睹物思人的紀念品。父母親什麼也不願意丟棄，他們什麼都割捨不了，樣樣都要留下來，因為他們

在青春歲月裡遭逢了太多的流離和死亡。他們在我背上放了太多的包袱，
因為他們曾經擁有過的太少，他們想要填滿他們生命中的空無。
上一代什麼都沒有留給下一代，是很令人難以承受的，但太多了也一樣。
我們難道只能夠把自己所匱缺的，傳承下去？

羊背上的一顆蘋果

越過那些燉煮魚和粗麥粒的鍋子、煮果醬的銅盆、炒鑊、堆成一落的砂鍋、幾十個罐頭和漬物空罐、儲備的礦泉水、蘋果泥、青豆小蘿蔔、數大捲的紙巾、棉繩綑、紅酒，和各式各樣的瓶裝飲料，在地窖裡，我發現那無辜得像新生兒般藏在最後面的，是我出生時用的奶瓶！

像父母親那種我認為應該是頗具常識之人，為什麼會覺得有必要（或出於好玩，或基於心靈上的需要，或根本是惡作劇，或……？）把這些由厚玻璃製成，加上又老又硬的棕色橡膠奶嘴的奶瓶給保留下來呢？自從餵養過我之後，他們照顧過的嬰兒也不算少，他們難道不曉得這種舊式奶瓶再派上用場的機會微乎其微，根本就沒有保留的價值？他們是想等著我自己來把它接收回去，繼續無限期地保存下去嗎？

我自己的女兒是吃母奶的，而在我唯一一次想給她使用奶瓶的時候——在消毒的階段，當乾癟的奶嘴在枯焦的鍋底發出陣陣噁心的氣味時——便宣告失敗了，因為我把鍋子忘在爐火上。

在這幾支令人無法置信的哺乳遺跡旁邊，擺了一些舊日裝果醬的空罐子，我把它們拿起來，打算送人。走出儲物的地窖時，我滿懷訝異、不解，和筋疲力盡。

在父母親家中的任何一樣東西，我們都無法置之度外。

幾天過後，我開始著手整理那些塞滿了好幾個抽屜的銀行文件、電話帳單、雜七雜八的傳單、各種家電產品或音響的使用說明書。不料在一疊平凡無奇，整理得井井有條的卷宗和資料夾裡頭，又有了新發現。

在一堆仔細按照日期先後排列的尋常單據中，夾著好幾張來自另外一個時空的闖入者，冷不防地從五〇年代（我剛出生的那陣子）冒出來的住院費用收據，付費人是外祖母。母親住進位在德烈格魯茲（Deléccluze）路二十號的克萊姆林（Kremlin-Bicêtre）醫院。收據上每一項費用都列得很清楚：房租（四千四百三十一）、雜費（三百四十一）、清潔費（四百三十）、水費（二百八十九）、電費（九十四），最特別的是：浴缸（二百七十七）……

驚異中，我又發現了另外一個信封，裡面同樣是那幾年的各類單據，裡頭還包括母親生我時的婦產科住院帳單！全部都條列出來，好像還是昨天的事：十五號房七月二十三日的費用、藥費、日看護費、產房、產鉗、電話的租金，甚至還有新生兒的每日餐費！這疊用迴紋針夾起來的帳單裡面甚至包括了我在該婦產科獨自住到九月五日的費用。

母親患有結核病，醫生認為有必要把她跟寶寶隔離開來八個禮拜，免得新生兒感染結核桿菌。我也曾聽說過這第一次的分離，但從未去想像它究竟持續了多久，對於結果也永遠不得而知了。

一個小寶寶，不能跟母親在一起，只能由醫院裡的護士來照顧，會有什麼反應？我一直以為這個遭遇，不僅讓我的人生沒有一個好的開始，也對母親和我的關係產生了不良的影響。但他們不以為然，還給我看一張在醫院裡照的相片：一個非常美麗的護士抱著我，而疊映在病房玻璃窗外的人影，是我那深受感動的年輕爸爸，正慈愛地對著他的寶寶微笑。

我終於知道那個房間的號碼了！４６６，還有給我喝的那些母奶以及我

兩週大時所照胸腔X光片的價格。我的主治大夫是摩里斯醫師，帳單上繳款人寫的是莉迪亞．皐蘭小朋友……

今晚離開時，我一起帶走的，是一幅色彩繽紛而溫柔的圖畫（為了振作精神，我規定自己每次來都要拿點東西走，不然這一屋子等著我去散光的東西，一屋子比海還浩瀚，卻只能拿湯匙舀乾的婆娑鄉愁，光想想就很洩氣）。我把它掛在我家進門的玄關，它將繼續歡迎我回家，一如過去歡迎父母回家那樣。

這幅畫的題目就寫在畫框的下面：**我的過去就像羊背上的一顆蘋果**。畫中那頭眼神非常溫和的山羊，馱著一顆紅蘋果往前走，後面跟著一個人，看起來很憂鬱——但我一直說不準那是個女人、男人或是某種雌雄同體的雙面人，亦男亦女。背景是個手舞足蹈的小村莊，像夏卡爾的作品裡頭常見到的那樣：教堂、房屋、斜斜的窗戶。

夜裡，我拿著手電筒下樓去，照見這幅畫，發現它在黑暗中會發出一種淡紅色的光芒。那雙面人穿著一件俄國農婦穿的那種蓬裙，低胸上衣露出豐滿而潔白的乳房，兩隻奇怪的手臂從她肚子的地方伸出來，好像兩根勃起的陰莖，手指全張，朝向那隻長著三角蹄、神情有些狡猾的山羊。

這幅圖畫散發著一股充滿絕望的喜悅，它很適合我，傳達出了我內心那種同時混合了撕裂和自由的煎熬。

床邊

我把那些不能對人說的寫下來。
——普利摩・李維（Primo Levi）

這些曾經是他們所心愛，是他們精挑細選，或偶爾蒐集來的東西，因為積習，或為了「以防萬一」而一直保留至今，有的想當作人生指標以免失去方向，有的漫不經心地收在袋中，有的則呵護著不讓它們受到時光摧折，好見證他們的存在。我真的可以就這樣拆散它們嗎？如何能毫無慚愧地刺探他們的隱私，門都沒敲就走進人家房裡，揭露他們各種怪癖、他們的荒誕、他們的傷口，闖入他們內心那可能連自己也不曉得的部分，毫無顧忌地看著它在眼前顯露出來？

遑論一些一直藏在心中的疑問：我們家有什麼不可告人的祕密嗎？會不會被我發現什麼我不想知道的事情？我敢不敢打開每一個抽屜？去閱讀所有的文件？搜尋每一條縫隙？或者我將很小心地避開某些東西，不聞不問，直接把它們裝箱，扔掉，甚至燒掉？

我怎能做出此等粗魯無禮的事情？即使它呼應了某些一直受到壓抑的、來自嬰幼兒期的原始欲望：想把耳朵貼在門上，想往鑰匙孔裡窺看，捕捉從父母房中傳出的每一個聲響；渴望滿足那一向被禁止，卻再正當不過的好奇心：我是帶著怎樣的密碼而誕生的？我是因什麼樣的愛而生的？來自何等的求生意志？我的父母在無意間傳給了我什麼樣的隱形印記？

我來自於何種難以想像的父系和母系？在這樣一個無數族人被燒成煙灰，許多家戶遭到恣意妄為地屠殺的世系中，我如何能找到自己的位置？如果雙親都是孤兒，是整天勞役的奴隸，是人們打算從人類之中抽掉的人種，長期以來因為世人那震耳欲聾的沉默而噤聲，身為他們的女兒又該如何自處？我不再是他們的孩子，而是抵禦恐懼的圍籬，是安全的壁壘。從這樣的雙親那裡，我又能夠傳承些什麼呢？

關於這個說不出口的過去，這一連串他們在我出生之前所經歷的創傷，我除了頑固地摸索下去，找出那些失落的言語之外，還能有什麼其他對策呢？為了做一個「自主的」繼承人，首先我必須打破某種長久以來綁架我們的絕對沉默。**書寫**成了當務之急。

透過言語的轉化，他們那無法表述的過去，將再也不能阻止我走出他們的人生，去過自己的生活，我將不再被動地包藏著他們的不幸和沉默，而是一個主動的承先啟後者。「對於從祖先那邊繼承來的，我們必須去獲取，才能擁有。」6

我從他們家裡扛了好幾個箱子、袋子和文件夾回來，其中還包括一個父親在七〇年代設計製作的檯燈。我坐在自己的書桌前面，一口氣記了好幾筆，心情激動之中，反而感受不到那些占據在我心頭，介於痛苦和解放之間，很難大聲說出來的多重情緒。

父母親的相繼去世，前後只隔了極短的時間，這讓他們在我心中變得無所不在，甚至有點難以擺脫。他們占據了我一切的思考和行動。我不斷地在內心裡，同時也很具體地，評估這些年來我們之間的關係。這是一種密

6 此句出自歌德的《浮士德》，佛洛伊德曾在《圖騰與禁忌》中引用，意思是說如果我們不去消化、利用並創新那些祖先所留下來的精神及物質遺產，那麼這些都將永遠是一種無益的附屬品罷了。

集的心理探索。

我重讀了幾封自己曾寫給他們的信。在這些信中，我真摯地吐露了自己的心聲，但對此他們卻未曾給過我回應。至今，信中那令人動容的天真無邪，還會讓我激動不已，也使我心生羞赧——我寧願不要在這面裸裎相向的鏡子前面，在這種被維持了太久的透明幻象中，認出我自己。

我有太多的話，想對無話可說的他們傾訴。這樣的不均衡，說明了我的文字其來有自，但這也讓我再度墜入我和他們在一起時所曾感受到的茫茫孤獨。

但我內心感受到的痛苦更為劇烈，是父母的雙倍。雖然他們從未能面對自己的不幸，轉化它、消化它、化危機為契機，而只是試著攔阻它、勉強讓它不要靠過來。在我成長的過程中，沒有辦法倚靠他們，只能沉默地吸收他們的焦慮和夢魘。關於這點，他們可能未曾想過。

於是，我們假裝自己是一個清清白白的小家庭：爸爸、媽媽、傭人和我。然而事實上則是：希特勒、史達林、大歷史和我們家。

在我們親子之間從未透過語言和情緒，對此做過任何的互動與對談，就算在萬不得已的情況下，頂多也只是交換些不帶任何情感的話題。那種在夜裡、在他們的心裡徘徊不去的東西（尤其是他們那可憐的身軀曾在某個說不出口的「那邊」所遭受到的貶抑、毀損、折磨和暴力），他們彼此會試著用一種不可能的遺忘來加以埋藏。

他們的身體會替他們說話：胃痛、呼吸困難、失眠、焦慮、背痛，夢見受到嚴刑拷打，半夜經常發出淒厲呼喊。而我的身體，因為就在他們的身旁，所以也有樣學樣，上面滿是戰爭的戳印。

我於是躲進書本、音樂、繪畫和舞蹈裡。我想透過藝術和文學，來表達那些在家中陰魂不散、四處遊蕩的感覺和情緒。父母親也鼓勵我，甚至試圖和我建立某種默契——但這只是讓我顯得更加孤立。

他們上當了。於是我落入了他們所屬的惡魔手中，把它變成了控制我的惡魔。我們的生活彼此有了心電感應——我的母親在奧斯威辛（Auschwitz）集中營時，沒有被送進毒氣室裡；倒是我，我一直都活在窒息之中。

陰沉的家產。

他們的言語雖然無聲，但他們的證件卻是滔滔不絕。我有一種迫切的需要，想去閱讀他們的文件，甚至具體地檢視這些文件——確定日期，記下事件經過，把關於他們的真相當成一種現實來看待，而不僅僅是一個感覺不到的恐怖幽靈。

令人悸動又心酸的今昔對比：我在父親床位旁邊那個小小的雜物抽屜裡，看見他身為政治戰犯的註冊證，就壓在一疊舊硬幣、手錶和其他的雜物盒下面。幾分鐘後，在屋子的另外一個角落，我偶然又發現了一本納粹的書：《通往帝國之路》（*Der Weg zum Reich*），那是戰後父親返鄉途中，在火車上撿到的。他在書上寫下了我從未見過的唯一告白：「**一九四五年五月十五日，『大德意志帝國』末日將近，於烏茲堡（Wülzburg）往布魯塞爾列車車廂中拾得此書，吾至美好之旅程，故此為誌。**」

我不想繼續被蒙在鼓裡，不願再被動地承載一個巨大的苦難；我想去面對我出生之前的歷史，擺脫掉那個一直橫梗在父母胸口且讓我無法自由呼吸的過去。我在屋裡四處搜括來的文件，證實了很多事情——雖然殘酷，但明白清晰，不受任何情緒干擾，亦無引火自焚之虞。

我的父親以俄國人的身分，於一九四二年三月七日在比利時的沙勒羅瓦（Charleroi）大學被逮捕，「**做為人質**」，一份警方的報告上面這麼寫著。當年他十八歲，被送進設在烏茲堡那座著名的五角城堡裡的勞動營，待了三十八個月，直到一九四五年四月二十六日為止。我也在他的文件中找到了一張相片，是點名時在院子裡照的，此外還有他的集中營囚犯證：Ilag XIII[7]證件大頭照裡的他，拿著一塊小黑板，上面用粉筆寫著「334」這個數字。

那是一個非常年輕的男人，有著一張長而憂鬱的臉，蒼白而細緻的線條，髮色深且濃密，帶著一副圓眼鏡，讓他看起來像詩人或無政府主義者。他臉上的神情與其說是垂頭喪氣，不如說是心不在焉，彷彿想用一張無法穿透、完全沒有情緒和思想的臉孔，來面對敵人。

也許他在自己內心深處造了一間密室，用來抵擋他對自身狀況的無力感，以逃離這可怕的現實牢籠。即使獲釋以後，他可能也從未完全離開過這個藏身處——這個私密的囚牢，雖然曾經使他存活下來，但他從此再也擺脫不掉它。

他從不曾對我說起關於他在獄中那段時期所發生的事，除非是一些笑中帶淚的小插曲。譬如，他和一群朋友想盡辦法弄來吃掉的那隻貓（他還聲稱貓肉跟兔肉的味道很像）；他還會在工地裡偷偷做一些木頭玩具，以便聖誕節時可以拿來換取麵包——因為那些看守監獄的德國人要回村裡家中團聚。就算是在戰時，他們也希望能夠帶些玩具回去給孩子們。此外，他還記得一個沉默寡言的囚犯，就是謀殺托洛茨基（Trotski）其人的兄弟。這些故事，他用幽默和冒險犯難的口吻講出來，給我的感覺，是驚險刺激遠多過於恐怖。因為父親對於害怕、飢餓和屈辱，絕口不提。

在我小時候，父親的俄國朋友們晚上會來家中聊天、談笑，每個人都會同時說三、四種語言，他們聽斯拉夫音樂，喝羅宋湯，吃著俄式冷盤（zakouskis），飲用伏特加配燻魚。他們不敢回到家鄉去，怕會受到蘇聯當

7 Ilag，是德文Internierungslager的縮寫，指德軍在二次大戰中專門用來關戰犯的集中營。

局的扣留。

待我年紀稍長，曾夢到自己將布里茲涅夫（Brejnev）給殺了，解放了先人的國度。那個滿足欲求的夢境很奇怪：我把一根針插進布里茲涅夫的鼻子裡，他便立即死了，變成一個老婆婆。

我對於祖父、祖母的追思，則充滿著痛苦和不幸。他們兩個人都是遇害被殺，不知道被埋在哪裡，也沒有屋子可以清空，什麼都沒有，甚至沒有一個地方可以讓後人為他們哀悼。沒有文獻，沒有照片，找不到任何他們曾經活過的軌跡。我不曉得他們的出生地，住過哪裡，在何處相遇、相知。他們什麼都沒留下——即使是一副眼鏡或一頂帽子。空空如也，我父親無一物可以繼承。

在母親睡的那一邊床頭的小抽屜裡，除了皺巴巴的手帕、沒吃完的藥、記事本、鑰匙等等日常慣見的小東西外，還有三個小小的扁盒子，裡面裝著她的法國勳章、抗德自願軍十字勳章、參加抗德活動而遭遣送集中營的紀念章，和抗德志士十字勳章。

孩提時代，我不懂一個身為人母、為人妻的婦女，怎麼會擁有這些軍隊的標誌。我覺得既驕傲又迷糊：我的媽媽可能一面愛美，一面從軍嗎？這樣男女角色不會混淆嗎？而我，又怎麼能去反抗一個女英雄？她可是一個抗德分子、一個納粹的受害者。惹她生氣，不就等於承認自己和那些壞人、劊子手是同一國的？

這些勳章都附有卡片，上面所寫的日期，我過目即忘，總是記不起來。母親於一九四四年八月十一日至一九四五年五月二十九日遭遣送入奧斯威辛集中營。一九四四年七月十日，她在格勒諾柏（Grenoble）被捕的時候，是二十三歲。一個剛加入反抗運動的菜鳥跟她約在一處死巷中，那人後來被抓，受不了蓋世太保的刑求，就把我母親給招供出來了，德軍於是在約定的時間去那邊等她，「妳中計了！小女孩。」

可是她還是撐過了刑求，讓她的母親和反抗運動的朋友們有時間藏匿起來。母親後來認為她之所以能活著走出奧斯威辛，都要歸功於運氣、冷靜、年紀和堅決的求生意志等幾個因素，尤其是多虧了一件不尋常的小事：她被捕的那天，口袋裡裝了一個前晚她在地上撿到的紅十字徽章。這徽章救了她一命，讓她可以在進入集中營的時候，宣稱自己是個護士。

數日之後，我開始整理母親的寫字台，又在一堆信紙、郵票、襯了絲質內裡的信封、膠帶、名片和尚未回覆的信件當中，找到一份小心翼翼地用一個塑膠文件夾珍藏起來的、極其難得的史料：一張紙條，上面是她用鉛筆寫下的幾個非常潦草的字，告訴她的家人她很好。

這彷彿是從那段流離歲月裡截下來的一小角，是母親於一九四四年八月十一日自里昂開出的第七十八車次上所寫下的。編號一四一六六的列車，一共有九節車廂，列車上大約載了六百五十個人，行駛路線跨越大半個法國，途經馬松（Macon）、沙隆（Chalon-sur-Saône）、秀蒙（Chaumont）、維泰勒（Vittel）、艾碧那（Epinal）和貝勒佛（Belfort），在八月二十二日抵達終點站奧斯威辛。小紙條是用手撕下來的，她偷偷地塞給一個紅十字會的人，懇求他設法送去給她的家人，或是在杜爾（Tours）的鄰居。

她的一個女性朋友，雖然不確定是否還有相逢之日，還是將這張紙條保留了下來。只見母親用堅定的筆觸，在紙條上寫道：

八月十四日在秀蒙。我們正在往東走，不可能到巴黎去了。心情還好，充滿幹勁。

我希望我們哪天還能再見面。紅十字很拉風。

親吻你們大家。

艾迪特

假性亂倫

靜靜躺在我眼前的這寥寥數語，被一個好心的陌生人從行經秀蒙火車站的死亡列車裡搶救出來，在戰火和遺忘中浮沉著，最後由一個歷劫歸來的女性所尋獲。

我將這張重見天日的紙條，塞進一個資料夾中。這個資料夾裡存放的，全是從這屋子的每個皺褶裡宛如遊行群眾般不斷從四面八方湧現的紙張中，所遺落的其他步履和足跡。我彷佛聽到這些往昔在呼喊，它們每一個都需要我的傾聽，都不願被遺忘。它們爭先恐後地圍繞著我，好似一群人魚在我耳邊低吟著蠱惑的歌聲：「妳別忘記！妳別忘記！」

從屋內各個看得到和看不到的角落裡，不斷地跑出更多的紙張、信封、卡片、筆記、冊子、小記事本、影本、相片、地圖、草稿紙、表單和備忘錄。我不禁開始覺得暈眩。

我是否該基於忠誠的原則，將這些微不足道的生活片段保存下來？我難道永遠也無法擺脫這些了嗎？也許我的父母親下意識裡會想把他們的恐懼掩埋起來——用大量的趣聞、日常瑣事或一些生活中詐取來的小運氣。如此慢慢累積，至少還是有些好處。他們兩個人有意無意地都（也許是因為懶惰，或因為疲憊）很會堆積紙張，他們幾乎把人生每一階段中所能保留的、能從虛無裡搶救出來的紙，全給留了下來。

一面可以用來抵擋他們內心空虛的想像盾牌？但如今這又與我何干？我雖成了他們的繼承人，但並不表示我也得兼任他們的心理分析師。我雖然很想繼續追根究柢，但那種想把這一切快快處理掉的意念也愈來愈強。只是，好奇心仍擋在我的前面。

就像一個患有強迫症的探員——例如某位正在還原犯罪現場的福爾摩斯或是馬波小姐——要根據十幾二十個散落四處的線索，來重建父母親所做過的事，其實也不會太困難。我可以一一去追溯他們到過的國家、度假地、買的東西，有什麼休閒活動和喜好——透過那些日積月累的記事本、機票、火車票、公路地圖、飯店和餐廳的帳單、博物館入場券、劇場節目表、觀光傳單、城市地圖、明信片、主要景點說明書……

比較陰暗和讓人不舒服的，是母親多年來鉅細靡遺記下的「健康手冊」，包括藥單、診療報告、X光片等等，以及某次車禍的相關資料，裡面收集了各式各樣的醫療證據——當年準備去對一個富太太提告用的。那個女人開跑車，先前已經撞死過人，竟再度闖紅燈，結果令母親和她那輛又輕又小的義大利車被撞飛出去，撞上一面牆。

比較開心的有：他們的房屋設計圖（以及定稿之前的所有草圖、建屋的細目帳單、模型等等）；一堆從報章雜誌上剪下來的瑣碎資料；參加各種語言課程講座及函授課程的筆記；與人來往的信件；婚喪喜慶的帖子、年節賀卡、文憑；各式各樣的說明書、廣告單、電報……不斷地從成堆的鞋盒、紙袋、紙包、塑膠包、皮包內流出來的，是信件和從世界各地寄來的明信片。當然，那些信大部分都是我寫的。

在毫無心理準備的情況下，在信件寄出的十、二十，甚至三十年之後，又重新看到這些信！再次去讀它們固然很痛苦，但更難直接下手把它們丟掉。剛開始時會覺得很激動，沒想到這場與自己不得已的面對面相會，竟來得這麼快。我很想大叫：「夠了！真是夠了！」

我猶豫了很久——也許太久了——不知道自己是否有權撕毀那些他們未曾親手扔進垃圾桶裡的東西。幾張被時光遺忘的舊紙頭在指間轉來轉去，我突然覺得很生氣，想統統丟掉算了。彷彿走進一座已經長成叢林的花園，心中充滿欲大刀闊斧直接砍下的盛怒，我終於讓自己墜落在清空一切的快感中，大把大把地將那些凋謝的紙張推落深谷般的垃圾桶裡。垃圾桶愈來愈重，直到像有些不肯被遺忘的記憶般，沉重得無法抬起。

在這場大屠殺中，我只救起了父親寫給母親的一些情書，上面還有他用靈巧的線條描繪出來的太陽、牛隻、鳥群和戀人。那對戀人還有彼此的暱稱，他們從剛認識起就這麼互相稱呼：嗶普和巴普。

拿著這張乘載著他們筆跡的紙，我的鄉愁被喚醒了。一個人的字，就像其聲音，是一種身體的展現。然而聲音會熄滅，字跡卻可留下來。

沿著他們的筆畫，看著那些勾出子音的橫豎和圈出母音的圓弧，感覺他們當下的思緒也都被禁錮在其中，這讓雙親已不復存的感受更加強烈。我雖無法再碰觸或目睹他們的音容，但我的指尖仍能輕輕撫觸著那活生生的熟悉筆觸。

我將這些信件、卡片、見證兩人愛情故事的文獻，按照時間的先後，一一放進透明資料夾中。他們的一生，遂逐漸在我的眼前浮現。

做子女的都應該要為父母立傳嗎？即使雙親已經過世，我們卻還是得繼續為了父母，透過父母，根據父母的意思或反抗父母到底地生活下去嗎？莫非這是個永遠還不清的債？

事過境遷多年以後，在戰爭和集中營裡所受到的創傷已逐漸平復，日子在一種幸福美滿中流逝。然而人到了晚年，對過往的記憶又會變得鮮活起來。他們兩人都志願在死前為未來的世代留下見證，以免後人說：「我們不知道。」

父母親企圖尋找他們那些失蹤親人的下落，於是開始著手調查這些人被遣送的日期，和載運他們赴死的火車車次編號；讓人把他們的名字刻在一些紀念碑、牆上，或收錄在一些資料庫中，好使每個亡魂都能找回他們自己的身分、他們的獨特性和人性。我父母認為這工作不是輕鬆的舉手之勞，而是對抗遺忘的最後一搏。

在他們蒐集到並保存下來打算傳給我的文件中，有張荷蘭紅十字會於一九四九年十一月十日寄給我父親的信，信裡通知他說，他的母親（一八七九年九月二十三日出生）是在荷蘭被捕並送進奧斯威辛集中營的。根據一份名為〈荷蘭猶太人遣送名單〉（Judentransport aus den Niederlanden）的德國文獻第四十四頁上的記載，她是在一九四二年十一月二日遭到遣送，編號一〇八九號。「**由於大部分囚犯都是直接被帶到毒氣室之後，送進焚化爐火化**」，荷蘭紅十字會的會長於是下了一個結論：「**蘿絲・威登斯基阜蘭**（Rosa Widenski-Flem）**女士，應是於一九四二年十一月五日死亡。**」

這張籤首印著紅十字會標誌的通知書，便成了祖母唯一的墓誌。

另外一封由當代猶太資料中心（Centre de documentation juive contemporaine）於一九九九年一月十一日寄出的信函則告知我，已經遵照我母親的願望，將她家族中由法國送至集中營的受難者登記在受難者紀念冊的第五卷。紀念冊就保存在猶太紀念碑（Mémorial）的地下墓室裡，每年都會舉行紀念儀式來悼念這些在納粹大屠殺中喪生，但未能獲得葬儀的犧牲者。

我竟然完全不知情。母親也從未對我提及，她大部分的家人都是從法國領土上被送走的。我的外祖母，當初幸運獲得格勒諾柏附近的錫安聖母堂（Notre-Dame-de-Sion）的修女之助，才逃過一劫。而她也未曾對我多談關於她那死在納粹手中的母親、姊姊、哥哥和嫂嫂的事情。或者是說，她是不想讓我知道，所以才沒能對我多說一些？

如此的一群親戚，在我剛知道他們的同時，也就失去了他們。我想像著，當他們化成煙雲消失在上西里西亞（Haute-Silésie）的天空之際，我也可以讓他們入土為安了。他們終於可以在活人之中，好好當一個死人：

斐德烈克．考夫曼（Friedrich Kaufmann），我的表舅公，一八九八年六月三十日出生於科隆（Cologne），一九四二年九月十六日自德朗西（Drancy）被送進奧斯威辛集中營，車次編號三十三；

貝塔．考夫曼（Bertha Kaufmann），我的外曾祖母，一八六〇年八月二十四日生於德國的奧伯罕伯特（Oberembt），以及我的姨婆伊蓮娜（Irène），一八九三年十一月十八日生於尤利西（Jülich），雙雙於一九四二年十一月十一日自德朗西被遣送至奧斯威辛集中營，車次編號四十五；

尤利歐斯．考夫曼（Julius Kaufmann），我的舅公，一八九九年二月十七日生於尤利西，以及他的妻子蘿絲（Ruth），一九〇八年十二月四日生於不來梅（Brème），二人於一九四三年二月十一日自德朗西被遣送入奧斯威辛集中營，車次編號四十七。

如同幽靈般的死者們，再也不會將我包圍住了。這些死去的人，儘管曾被極其凶殘的手段所殺害，但如今他們又可恢復正常了。我不再是那個想像自己被鎖進瓦斯室裡的小女孩，為了不要吸進毒氣而不敢呼吸，窒息而亡。

人們是否懂得經常去提醒那些種族大屠殺生還者的後代——包括那些有

幸能在盧安達、高棉或亞美尼亞等地劫後餘生者的孩子們——告訴他們，偶爾也要讓他們死去的族人能夠好好地在地下長眠，好讓他們存活下來的下一代重新過正常人的生活嗎？

小時候，我母親每當提及她在死亡集中營裡的見聞，或者她所經歷的空前恐怖時，最後的結論總是：「我們永遠都無法說出我們在裡面的遭遇，那些根本無法用言語說出來。」這話每次都會讓我陷入一種茫無邊際的無力感中。我父親規定我母親，只能展望未來，不許再提過去或再去講「那些事」。他們讓我獨自去面對這種欲言又止所導致的副作用。他們完全忽略了他們那沉默的不幸，所能引起的回響。他們難道不知道，即使是年紀很小的孩子，也會想了解自己所聽到的是什麼——尤其渴望找出那些刻意瞞著他們的事情，究竟有何涵義嗎？

我那可悲的童年幻想，一直試著填補他們故事裡的空白，自編自導著母親的遭遇究竟是何等可怕。

我的母親——換句話說，這個女人的身體曾經孕育我，她的雙臂曾懷抱著我，讓我坐在她的膝頭上，讓我可以觸到、聞到她的肌膚——那如此柔軟芬芳的皮膚，那溫暖的大腿和慈愛的雙臂，有可能發生過什麼事情？這具身體曾忍飢受渴、被人以無情的方式加以摧殘、毒打、剃頭、刺青。我如何能接近這樣的身體？又如何能從中享受和煦的母愛？

我的身體仍未完全與她的脫離。一想到母親身上曾經承受的暴力、酷刑和虐待，再加上她那潔白的肌膚，那溫暖的氣息和溫柔的眼光所給予我的感受，竟然讓我們之間的親暱，滲進了某種遊走於意識邊緣的性虐幻想，變得令人坐立不安起來。我的腦海裡並未湧現任何清晰的畫面，卻能模模糊糊地感到危險，察覺到性和死亡之間那種幽微而朦朧的關聯。恐懼讓我開始對性產生了好奇，欲望和最強烈的焦慮全都混淆在一起了。

夜裡，成群夢魘般詭譎的念頭向我襲來，我全身肌肉不由自主地抽搐著，彷彿這個身體不再是自己的了。母親和嬰孩一體的亙古意象，開始變成了一幅幅不堪入目的畫面。我要如何擺脫它們？哪裡可以讓我躲藏起來？我能向誰告白呢？

父母親既沒有將我交付給這個世界，也沒有保護我免於內在的恐懼——一種假性的亂倫。

在母親逝世好幾個禮拜，而父親也過世整整兩年之後，我終於可以去讀那些字句，擺脫了這種無聲的疏離與異化，以及那些如影隨形的幻影。但我能勇敢地在這裡把它寫出來嗎？在失去雙親的同時，我也失落了那些麻木不仁、充滿焦慮感的自我認同。在拋下自我的同時，他們那沉默的掌控也對我鬆綁了。他們是死去了，而我也終於可以去認識他們了。

母系遺產

我在那幾個抽屜裡頭翻著，裡面裝的都是從前外祖母和外曾祖母留下來的桌布、餐巾，上面還繡著她們姓名的縮寫字母。結果我翻出一個透明袋子，裡頭放了兩支衣架，全都被織上了藍色的毛線。袋中還有一張小紙條，是母親的筆跡，想必是寫給我的：「**貝塔・考夫曼在一九二〇年左右織的。**」

看來母親不知在何年何月何日，曾極其縝密地設想到我未來可能的發現。她知道我總有一天要面對這個充滿試煉、鄉愁，與令人心碎的工作：必須決定家中物品的去留。她預見了這個她將已不在人間的日子，於是為我留下了線索，希望能夠引起我的注意。

我彷彿聽見她正從陰間對著我說：「小心喔，這個東西很珍貴，不論妳或留或丟，至少要知道它是怎麼來的。這上頭的毛線，是妳的外曾祖母親手編織的。但願妳可以將它留下，紀念她、也紀念我。把它傳給妳的子孫，這是一個證物，見證了我們家族女性那一脈相傳的巧手慧心，對織物的重視，和對家人無微不至的呵護。好好地保存它！一如我在妳之前所做的。這是我們的『母系遺產』。」

我娘家好幾代女人的嫁妝，其中一部分奇蹟似地未遭到戰火、遷徙、流離所摧殘者，統統都在這裡了。在那一落又一落用手工刺繡的織品中，母親竟然偏愛這兩支穿了毛衣的衣架：綿密的針腳，是她在幼年無憂無慮的歲月裡，由外祖母親手所織。至於那些床單、麻布或棉麻混紡的緞紋布桌巾，還有那些珍貴的蕾絲，她卻什麼也沒交代。

我該怎麼處理呢？把它們全塞進那種（反正我也沒有的）巨大並飄著薰衣草香的橡木衣櫥裡嗎？到哪裡去找古時那種大桌子來鋪這些桌布，再用巨大的燭台，加上成套的瓷器、銀製餐具和剛漿好的餐巾來榮耀它們？這樣的世界，已經一去不返；這樣的生活方式，也早已不復存在。我在成長過程中，並未學到如何找對象、結婚，然後按照舊俗來維持一個家。我那些女祖宗們的本領，一樣也沒遺傳給我。

致列位女性祖先，活在我之前四、五、六或七代的妳們：阿涅絲、蘇菲、茱莉亞、蕾吉娜、卡洛琳、亞美莉亞和貝塔。妳們所留下的這些白色桌巾和床單，讓我不禁要肅然起敬。我追思著妳們的勇敢、堅強和身為女性的命運；妳們採收生命的果實，傳遞給後代，直到我手中。可是請妳們不要怪罪我，我是在文字和紙堆裡成長起來的。對於妳們的嫁妝，我會把那幾件最美麗的留下，用來紀念妳們。但別指望我會去手洗這些珍貴的布料，為它們軋光、上漿，並將勾破和撕裂的地方都縫補起來。妳們的外玄孫女早已拋棄了針線，改用鋼筆和數位筆啦。

衣櫃、衣櫥、更衣間，無一處不是滿溢出來的衣服，它們被熨過，摺好，疊得整整齊齊的，有些甚至還用塑膠袋或絹紙包起來，放在小紙盒裡。幾十件的毛衣、羊毛衣、襯衫、短背心、無袖上衣、T恤，全都平躺在那兒，等著也許有一天還可以被人穿出去而受到稱讚。

它們全是母親所喜愛的秋天色彩：從金褐色到淺栗色、蜜橙色，從焦糖到象牙色，從橘紅到一種叫「黑人頭」的棕色，偶爾還冒出一兩個令人意想不到的莧菜紅、苯胺紫或天空藍，配上對比強烈的條紋與鮮豔的圖案。這些衣服用的都是很好的布料，整體擺設得就跟高級服飾店裡一模一樣，而且完美如新。

母親向來對於追求高雅出眾很堅持。她自述年輕時雖然也從事革命，但對把自己打扮得「漂漂亮亮」倒是從來不曾馬虎。在她眼裡，我永遠不夠「俐落」。我從小就一頭亂髮，襯衫領口轉眼間就會弄得髒兮兮。在天黑以前，或她帶著我一起出門前，我身上的穿戴就已經無處不東倒西歪了——襪子扭扭捏捏地攀附在腿上，或叫化子似地癱在鞋子上打呵欠，鞋帶鬆了，蝴蝶結也歪了，裙子繞著我的腰打轉，襯衫皺得像個癩皮狗。我對所有的穿著失去掌控，完全是一塌糊塗。

反觀母親：梳得好好的髮型，沒有一根頭髮膽敢逾越本分；塗得完美無瑕的指甲油，畫得一絲不苟的眉毛；絲襪縫線中規中矩地貼在她兩條腿後面。她的鞋子跟包包一定是搭配成對的，並且還上了蠟。她身上所穿的必然典雅、樸素；多半是米色系的，春天時就穿藍、白、紅等色。母親的穿衣品味，可說是優雅中略帶著近乎僵硬的嚴謹，但她偶爾會打破自己的規矩，而在某個午後或晚宴上，以很叛逆或獨具「設計感」的套裝現身。

她過度在意自己的外表是否高雅出眾，不免予人一種既超過又矜持的奇妙感受。看來她一直在試圖馴服內心裡那令她自己感到害怕的狂熱與激情——在灰燼之下，其實還埋藏著烈焰。

而她也想撲滅在我身上的那些她自己受不了的東西：暴躁、邋遢、缺乏深思熟慮、追求聲色之娛。

她在年輕的時候學過裁縫，並曾在杜爾的一家裁縫店裡做過幾個月的助手。她的祖母從前也是幫人做衣服的，還開過店，專賣自己手工製作的帽子。母親一生熱愛流行服飾，跟這位曾經養育過她且深獲她愛戴的祖母有關。她祖母最常說的一句話就是：「這雙手能做的，別雙手也可以。」這話成了母親的信條。

我總是看到母親在做衣服。她會先把紙版買回來，用大頭針別在選好的布料上：絲、紗、絨、羊毛的都有。我喜歡看她先用白粉筆在布料上細細地畫出每一片版型的輪廓，將它們剪下，「組合」之後粗縫，再把大頭針取下，進行第一次試穿。如果是洋裝，她會先組合一半來試穿。

她裹著沙沙作響的絹紙端詳鏡中的自己，一隻手在肚子前面扶著那件成形中的洋裝，另一隻手的手肘彎起來，看看袖子會不會太長或太短、接袖處是否平整、皺褶抓得漂不漂亮。她皺著眉，嘴角抿著幾根彩色大頭針。

有時她還會喊我過去幫她把一邊的肩頭拉高些，在上面別上幾根大頭針。我不小心刺到自己，叫了出來，她就斥責我，告訴我說，人家職業女裁縫師嘴裡都咬著一條白線，需要的時候便取下來揩去指尖上滲出的血珠。

無論是洋裝、裙子或尚未完成的外套，她都是先把每一塊布片都接起來，然後在縫紉機上以細緻堅韌、和布料同色系的絲線車縫起來，最後再用手縫邊。我喜歡看她開鈕眼，穿綁繩，在肩帶下縫上暗帶免得胸罩露出來，或在腋下的地方縫上防汗的小襯墊，這樣就不會在絲質或毛料衣服上留下討厭的汗漬。她可以一連好幾個禮拜每天連續數小時地埋頭苦幹，只為了在一件只穿一次去參加婚禮的洋裝上釘滿亮片。

二十、三十、四十年之後，我站在這個敞開的更衣室前，對著一掛洋裝冥思。這些，都是母親以無比的耐心和專注所親手縫製的，一旦她覺得不夠完美，隨時都會拆掉重新再縫。她是個永不懈怠的完美主義者。

完全投入工作中的她，常常被我逮到正在輕吐舌頭——這時絕不能打擾她。她屏住呼吸重新將縫線車直、修改，再畫一遍某條喇叭褲的弧線、腋窩的凹度、一道弓形的開縫、一個低領的大小、一行滾邊的寬窄和一件裙子的「垂墜感」。她還會用一些其他人不會使用的美妙字眼：凸花花邊、褶子、雙縐、鑲條、鎖邊縫法、布幅、荷葉邊……

我彷彿走入一座時裝博物館，六〇、七〇、八〇年代和世紀末的女裝線條，一一從眼前流過，全都教我母親保存下來了。而那些一擁而上的往事，每一則都帶著對她的氣味記憶：香奈兒五號香水——一整個世代的「媽媽的味道」。而我正是傳說中，那光芒四射的瑪麗蓮夢露只穿著它睡覺的香味之女。

此刻，在這深邃的衣櫥陰影中，我找到那件低腰、有著旋轉裙襬和黑色蕾絲袖的小洋裝——一九七〇年，她穿去參加一個女性朋友在柏林舉行的婚禮。還有那件紅色毛料、高腰剪裁（又叫公主腰）的緊身洋裝，再掛上她祖母留下的一個我一直很想要過來戴的美麗頸飾。

那套珍珠色野蠶絲的套裝，所搭配的襯衫釦子扣得整整齊齊，吊掛在一個從某大飯店順手牽羊來的木頭衣架上；那件橙色的夏日洋裝，喚起我對很小的時候在聖拉斐爾（Saint-Raphaël）或在普契尼湖塔區（Torre del Lago-Puccini）的森林大飯店（La Foresteria）度假的快樂回憶；還有那件用細絲紗織成、輕得像一聲嘆息的洋裝，和那件紅色的喀什米爾羊毛洋裝、那件山東綢質料的打褶洋裝、那套海藍色的野蠶絲褲裝、塔夫綢的大花裙、米色的西裝裙和那條緞紋長裙。

這些洋裝曾經如此貼近地見證了母親的手藝，它們不但保存了她的曲線、儀態，似乎還被她的手藝，那極為堅定的品味及藝術家的靈魂給附了身。只是，我要這些做什麼呢？我關上了衣櫥，有點心灰意冷——我永遠無法不顧一切地把它們扔掉、賣掉。我也不能將這些從光陰裡竊取出來的；從衰老和疾病中抽離出來的如此無瑕、永遠完美的衣服，隨便地就送給幾個我不曉得來歷的女人。

幾天過去，我又打開衣櫥的門，開始把擺在吊掛衣物下方的那堆東西拿出來：好幾個大塑膠袋，都是倉促之間塞進去的冬帽，數量多得沒完沒了，此外還有一些四〇年代的包包。我伏身鑽進衣櫥最深處，在小山般的圍巾、手套、披風、襪子和用透明塑膠盒保護起來的胸花下面，找到了一個外祖母的手提袋。我把它打開來，不禁目瞪口呆——外婆臨死前幾天放進去的東西，至今仍原封不動地擺在裡面。

外婆是一九七九年二月過世的。看來自她死後的整整二十五年，母親從未動手清理過這個包包，也許她根本沒有打開過，直接就扔在衣櫥底部。我突然想起她其實也沒有清理過外婆最後住的那間小公寓，而是派我去處理的。當年她為何不願跟我一起去呢？我記得當時清理過後，我還丟下一句有點惡毒的話給她：「我希望妳到時候至少先整理一下那些文件再走！」顯然，她一直記著。但她還是把外婆的這個包包，原封不動地扔給了我。我解下包包上的捆繩，將它打開來。

幾顆糖果，沾黏在一個黃白相間購物袋的網眼上，活像一張漁網裡的獵物。糖果已變得軟黏，但仍裹著一層彩色的透明玻璃紙，似乎還在等著被送給什麼乖巧的小惡魔。外婆一向隨身帶著幾顆糖果放在包包裡或藏在口袋裡，她為人就是這樣，廣受歡迎，喜歡讓每一個人開心——但對自己的女兒例外。母親對於她自己的母親喜歡看電影、打網球更勝於善盡人母義務這點，始終無法諒解。

外婆一直想在我的身上彌補。她年紀大了以後，把年輕時未能給我母親的母愛，全都轉移給了我。我印象中的她，是個「蛋糕外婆」：她會為我製作香甜可口的大理石蛋糕、飽滿多汁的酥皮餡餅，還有手工麵條。外婆家那偌大的廚房裡，有一張專門用來晾麵條的椅子，把麵揉好之後，她就會把麵掛在這把椅子的椅背上晾乾。

外婆為人慷慨，話很多，我覺得她就像所有的外婆一樣，和我那高標準、嚴厲且永不滿意的母親完全相反。每年到了覆盆子季節的時候，她會叫我把我的玩伴全都找去她家的花園裡採莓果。她看著我們嘻嘻哈哈地大豐收，全身弄得紅通通的，就很開心。她也鼓勵我們和她親近，讓我們用她那些漿白的床單搭帳篷，放任我們玩她那個銅製天平的砝碼，拿她的帽子和圍巾幫我們打扮。我記得我第一次化妝，用的就是她的腮紅和芮魅（Rimmel）牌唇膏。

那支唇膏叫做「吻紅」，我就像塗果醬似地把它往嘴上抹，並想像著日後與白馬王子的邂逅。外婆也樂得陪我做小女人的夢，在她之前，沒有人會跟我談起月經和那種會拉著妳到牆角幽會的男孩。我在她家門前玩溜冰鞋，有個滿頭金髮的小男孩會在後頭追，想捉住我，把我的辮子剪掉。

我那外婆，大家都很親熱地叫她姥姥，是個極活潑、個性鮮明的人物，她神經質，講起話來像個義大利人或西班人那樣手舞足蹈，而且聲如洪鐘。我從未見過她白頭——她一輩子都染髮。她最後死在自己床上時，旁邊還有個小男友陪伴。我希望像她那樣，在戀人的懷中死去。

我一樣一樣地把她包包裡面的東西取出來。除了糖果之外，我還找到了好幾塊方糖，以及一小包細砂糖（包裝上印了某家咖啡品牌的黑貓商標）、一條遮雨的方頭巾和許多照片：她母親、她女兒及她孫女的。還有她妹妹伊蓮娜的——柔和的臉部線條，攝於一九三五年。

我手上這顆戴了超過二十年，切割成樸素的方形，中央有個小亮點的黑石英戒指，就是她所留下的。我特別喜歡這個戒指，雖然它曾被我弄丟不下千百次，但最後它總是會忠誠地自己找路回到我的中指上。

還有一張相片。照片裡的我已經是個大塊頭，大約九歲或十歲，由於腿長得太快，膝上的百褶裙變得太短。我身上套了一件水手條紋的毛線衣，表情有點像是被嚇到的樣子。外婆就在旁邊，戴著帽子，笑咪咪的。在北海邊，我們祖孫倆看起來其樂融融，就像所有的祖孫那樣地有默契。

還有一張圖畫，奇蹟似地在散開的砂糖之間被保留了下來，那是在她去世前我送給她的——這紙親情的見證，再也不曾離開過她的手提袋。

外婆非常疼我，我但願自己能夠繼承到她的活力、好奇心和幽默感，還有她那偶爾過分滿溢的情感，那手甜點功夫和那種隨時隨地可以交到朋友的能耐。她對舊貨有種熱情，很喜歡逛舊貨賣場和跳蚤市集，一個禮拜可以去好幾次，蒐集波斯地毯和銀器。我一直很後悔當初為什麼要跟媽媽一起慫恿她把那個雕刻得非常精美的心形小盒子賣掉。她的眼光獨到，會興沖沖地捧回幾個看似黯淡無光，但經過刻意打磨便能還原其初始之美的小東西。

她還傳授過我一兩招講價的訣竅，告誡我切不可馬上顯露出自己真正想買的東西是哪一個，而要假裝自己喜歡的是另外一個，這樣才有可能殺到好價錢。其實，讓她真正對此事感興趣的，是人與人之間的往來、對話，以及市井間的互動、完成交易所花的時間，和言談的價值。

我執行著母親所不願意去完成的麻煩事。要和這些遺物告別，的確也可以像為死者舉行葬禮那樣地辦個什麼儀式。用火燒掉比埋進土裡更常見，捐贈出去，或送給朋友，紀念品全塞進抽屜裡，小擺飾就隨手放在窗台上，圖畫、相片或書信，就往床頭的書裡一夾。

但家中女性所留下來的珠寶，命運就大不同了。它們會被我們戴在指頭、手腕、頸項或耳朵上，從這張皮到那張皮，一代傳過一代。首飾不喜歡待在珠寶匣中，它們一碰到肌膚就會清醒過來、明亮起來。外婆生前曾給了我她妹妹的戒指、兩串長項鍊，和一個可以掛在胸前的小粉盒，至今我都還在配戴這些東西。母親給的那些耳環和手環也一樣。然而在母親傳給我的東西裡面，不知何故，我最珍惜的，還是那把專門用來剪葡萄的銀製小剪刀。

很奇怪地，我開始會去穿戴那些母親所親手裁製，而我一直認為只有她才適合的顏色，這是前所未有的事。一連好幾天，我都戴著她最喜愛的耳環，搭上一條她的絲巾出門。

我帶回家的那條絲巾，上頭印的圖案是漫畫「貝內的戀人（les amoureux de Peynet）的環球之旅」，那是在五〇年代時，人家送給她的禮物。我還記得自己四、五歲的時候，躺在父母親的床上，連續數小時地看著這本漫畫，一面跟著書中這對漂亮的旅人浪跡天涯，一面幻想著在遙遠的未來，我也將要像這樣……「帶我走吧！親愛的，我一點也不占空間……」

問題是，這一堆非比尋常、可媲美高級訂製服，每件皆獨一無二、由她親手裁剪，並在口袋或領口處都縫上標示著「hand made by Mami（媽咪手製）」的標籤，最後再親手寫上完成日期的衣服，我該如何處理它們呢？裡面沒有一件我可以穿的——這些都不是為我做的。於是我想到我那挪威

朋友，也許她會樂意來試穿個幾件看看。

幾天後，朋友過來試穿，結果大大地出乎我的意料之外，以「震驚」、「頓悟」來形容都不為過。即便我這位朋友更高大、更修長，有著與母親完全不同的外形，但這些專為另一個女人製作的衣服，到了她身上，竟然不可思議地適合！她用一種完全不同於原設計者的方式來穿這些衣服，只見那些線條神奇地在她身上流轉。她就像個小女孩收到仙女送來的公主服裝一般，眼光裡都是驚喜。透過她，我終於可以向母親的才華致敬。

朋友欣賞著衣服的每一個細節、每一寸細膩的剪裁、流暢的垂墜感、別出心裁的開縫、動感十足的皺褶和弧線、用料的柔軟，以及肉眼幾乎無法辨識的完美車工。

也許直到那一刻，我才真正意識到母親這批服裝的藝術價值。我一件一件地取出來，遞給女友；她一件一件地試穿，並輪流在房內的鏡子裡和我的眼睛裡顧影自盼。

我們兩個都像是被施了魔法一般，感覺意想不到的神奇事件正在發生。她圓了一個童年時期的夢想；而我，我也完成了自我認定中母親那不曾說出的心願——但願有人來欣賞她這些以熱情和巧思創作出來的衣服，並用素雅的方式來穿出它們的價值。

同樣的這一幕，在整個夏日裡又上演了好幾次。母親遺留的衣服也逐漸易手了。我的朋友以她的方式來改造這些衣物，她發明新的混搭風格，來賦予它們新生。

霓裳不死。

孤苦伶仃之物

物品有它們的祕密，
有它們的傳奇。
但只有願意聆聽的人聽得到它們的言語。
——芭芭拉．涂歐（Barbara Drouot）

一個物品可以有好幾次的生命。雖然換了新主人，但之前的存在記憶不是都還留在身上嗎？想來亦令人不勝唏嘘：這些東西到了別處，落入他人手中，原先是那樣使用的，現在卻改成這樣使用。

我必須確認這些曾被雙親選上並仔細呵護的物品，也能夠受到新主人的關注和疼愛。為了能毫無悔恨和罪惡感地將它們送走，我需要相信它們將在小心翼翼的手中耗盡、老去。物品跟人或動物其實沒什麼不同，它們也有靈魂，我覺得自己有責任，別讓它們接下來的命運太悲慘。

究竟我已經將它們放在手中掂了多久？任憑回憶來襲，猶豫不決，不知如何是好，既想全部扔掉又想統統留下？我拿起它們，彷彿在跟它們道別，然後又放下，擺進紙箱——遲遲不肯做出那個會令人心痛的決定。

有時我看見這滿屋子不知何時才能清光的東西，也會心灰意冷，於是突然變得大方起來，甚至有點太慷慨。有時又覺得勇氣百倍，抬頭挺胸地繼續完成我那身為繼承人的螞蟻工程：斤斤計較地丟，深思熟慮地送，非好價不賣，凡家裡擺得下的全帶回去。書就放上我的書架，杯盤收進我的碗櫥，瓶瓶罐罐擺在我的浴室裡，把畫掛在牆上。

但我的屋子並沒有彈性，而我也不能一直當個連接器——清空了那端卻擠爆了這端。我那自我防衛的攻擊性難道變遲鈍了？於是我警惕自己：「東西就是要流動，它們也許可以在我們之後還活上很久，或許也將會破損、凋零、消逝，而無人一掬同情之淚。它們從未真正屬於誰，我們擁有它們也只是暫時的。它們應該在人世間繼續前進，讓大家輪流享用。」

偶爾有人來探訪，他們會很低調地環顧四周，在拿捏我還有多少該做的事之後，便都忍不住同情起我來，而那句脫口而出的：「妳好可憐喔！」更不讓我有任何自我欺騙的機會。我在內心深處抗議著，默默地為我這批不足掛齒的往昔寶物大聲辯護。每個人都會有自己深深依戀，但對別人而言卻毫無意義的小東西或小玩意兒。要扔掉在我們眼中沒有任何情感價值的東西，總是比較容易，但是把自己的記憶給割捨掉，這就不叫丟棄了，我的。一個位於加列亞（Calella de Palagrugell）的酒店地址，讓我想起七、八歲去那兒度假時，認識了一個喜歡的男孩。他風馳電掣，很健談，喜愛捉弄人，有點小無賴。在許多孩子們中，我就看上他，只想跟他玩。有一次，我們獨自出發去松林中散步，因為愈走愈遠，心裡開始著急起來。我在路上豎立了一塊小石頭，對自己承諾絕對不要忘記這一天。那塊石頭和那個男孩的臉，從此就埋藏在我的心底，直到碰到像今天這樣的特殊情況才被喚醒過來。我記不得男孩的名字了，但他有可能在暗地裡引導了我日後擇偶的方向。

泛黃的觀光指南、褪流行的雜誌、廢棄的電話號碼簿……我輕輕鬆鬆地將那些落入我掌心的東西，全塞進一個大垃圾袋裡。這是個歡樂的日子，沒有任何痛苦，也沒有一絲罪惡感來阻撓我的行動。閣樓上的置物架一層層地空出來了，我感到一股純淨的喜悅。可是，一個上面印著紅綠色圖案的大盒子，讓我的興奮之情突然落了空，我看見盒中疊得整整齊齊的，是我不能就這樣把你們推落垃圾袋的萬丈深淵，而不為你們所形成的這串奇異念珠留下任何紀錄：文堤米格利亞，一九八八年八月二十九日，「咖啡之家」（Casa del Caffe）；奧爾良，一九八三年三月二日，「閒談館」（Les Musardises），「純精製奶油做的甜點」；布魯日，一九八三年六月十八日，「抒情酒館」（Brasserie Lyrique）；哥本哈根，一九八一年十一月十五日，「斯堪地那維亞旅館」（Hôtel Scandinavia）。阿姆斯特丹的「史卡拉莫克」（Le Scaramourche），米蘭的「卡薩諾瓦」（Casanova），漢堡的一家日本餐廳，鹿特丹的一間希臘酒吧……看似一幅沒頭沒尾的地圖，如同那種連連看的遊戲，非得將所有的點都連成線，才能現出端倪。

其實，人一定是對東西已經有了某種程度的眷戀，才會覺得它們意義非凡而捨不得丟棄。雖然只是物品，也難免被我們冠上神祕的光環。但既然我並不知道這些餐巾紙及其舊主之間的故事，所以它們也只能在我的指尖下滑過。它們何以會來到此地，我仍然一無所知。

如果此刻有偶然到訪的客人，看見我正在幫這些早該丟進字紙簍內的餐巾紙逐一地編號、記錄，會有何感想？覺得我腦筋不正常？認為我再這樣下去，一年後還是清不完？勸我做事要有方法，不可感情用事？我不該什麼都想留下來，要扔的也不必全都先過目？這樣做其實很荒謬？可以這麼說嗎？也許我就是用這種方式，來換取一種愈來愈強烈的生之喜悅。

我不願意用不具名或拋售的方式來清空父母親的家，所以我一直沒叫那

8 Perséphone，希臘神話中被冥王強行綁架到地府而成為冥后的少女。
9 Georges Perec，一九三六～一九八二，法國作家。
10 Jacques Prévert，一九〇〇～一九七七，法國詩人。

些人來家裡做清倉估價。我指的就是那些張牙舞爪的豺狼虎豹，人家才辦完喪事，他們便見獵心喜地送來假惺惺的慰問，順便建議你在最脆弱的時候對他們打開大門。而他們揮一揮手，就能為您「減輕」所有不堪負荷的回憶：那些可能隱藏了寶貝的廉價飾品（他們當然不會開門見山地說出自己的意圖）、老掉牙的廢鐵和生鏽的用具；土裡土氣，不過擺在古董行的櫥窗中倒是很有農家情調的銅鑄鍋；老電話的黑色金屬撥號盤（雖然其重無比，但不久一定又會流行起來）。

還有以前工欲善其事所必備的，那些能夠讓手藝和材料、動作和功能得到完美結合的器具（如今是沒有人要了，因為這些都是耐性和毅力的同義詞，但更加不容反駁的是現代生活的最高指令：立即享受），日後會被舊貨商當成黃金來賣給那些「後現代」的客戶：已經是搶手貨的黑膠老唱盤、過期的公路地圖、過去的旅遊指南。

但這些還稱不上是歷史，因為是現今大家所著迷的一個還不算太遠的過去，所以只能稱之為「復古風」：六〇年代粉紅和橘色螢光的扶手椅、「保證諾爾（Knoll）原廠復刻」的矮腳碗櫥、北歐風格的盤子、樣子像飛碟的菸灰缸、又圓又短的泡芙椅，還有那種會引起視覺幻象的幾何圖形壁毯；印度製造、上面標示著「愛與和平」的項鍊、耳環和衣服……一堆我不知能幹什麼，也不願就此拋棄的雜七雜八東西。

形形色色的時代，就在閣樓深處和家中地窖裡雜處著。我很想找一群人來共襄盛舉——讓他們自己去尋找合腳的鞋子，幫忙撮合那些落單的蓋子和頂上虛空的缽罐，捕獲某個已經讓他們等了很久的小擺設。

數百種的物品，或購買或受贈於人，或來自偶然的存在，它們沒有人接手，只有任其荒蕪。沒有人會再去撫摸它們，為它們拭去灰塵，並用不容他人染指的眼光來保護它們。

東西其實也會變成孤兒。它們也需要養父母、新朋友、再度以無比強烈的占有欲來對它們百般呵護的主人。東西也會苦於沒有用處，乏人問津。告訴我，要怎麼丟掉一串不曉得要用來開哪裡的鑰匙？就算不識其鎖頭——門或行李箱都有可能——我也不能在未經任何審判的情況下鬆手。彷彿在這宇宙的某處有一扇門或一個行囊，正等著一把被遺忘的鑰匙來令其重獲自由。我不想讓它們遙遙無期地等下去。

所以我非得替我的這些東西找到愛好者不可：一個會對著一堆可上溯至五〇年代的珍品嘖嘖稱奇的火柴盒收藏家、只愛老相機的人士，以及專門蒐集圓規、墨水瓶、筆管和各種前電腦時代之文具用品的人士；或者反過來，專門挖掘電腦考古機型的也可以……一個熱愛焊槍、鹿腳撬、螺帽、釘子、鑿子、各種鉗子、剪子和各式各樣槓桿的修理高手；一個有口皆碑的女裁縫，堅持手邊要有十五種不同深淺的藍色或米色線、用不完的別針，和從棉布、帆布到皮革等各類布疋專用的縫針、專業用的剪刀、紙樣和各色零碎布頭或「總有一天會用到的」裡布。

到哪裡去找一個想學俄文的人來接手一堆俄文入門教材？有沒有正在尋找一本叫做《讀者行會》（*La Guilde du Livre*）的瑞士文學期刊，尤其是一九四七到六四年間那幾期的研究員呢？有人專門在蒐集香水樣品嗎？不只如此，還有落單的手套、不再成雙的襪子、買了至少有十五年的全套防曬乳液。或者他們喜歡蒐集的是各種廠牌的電動刮鬍刀？或來自全世界各地旅館的香皂盒子、旅行牙刷、各國酒瓶、真皮封面的行事曆、迷你計算機、各種形狀的蛋糕模型、方糖夾、蘆筍夾（誰會發明並真的用這種東西？）、還裝在絨布盒子裡的鍍銀小湯匙，以及多年累積下來，連拆都沒拆的禮物？更別說那些蒐集而來的乳酪盒蓋、蕈類圖鑑、幾百個冷凍盒、幾千個釦子、幾萬張紙巾和幾百萬枚小釘子？

應該如何處置那些主角已被遺忘的親族肖像呢？他們沒名沒姓地被壓在某個紙箱的最下面，成了某種徒有先人但無後人緬懷的孤兒（也許大家都難逃這樣的命運）。誰還能夠在這些泛黃的相片背後，記錄下他們的小名？

也沒有人再來穿這些舊衣裳、戴這些樣式早就過時的太陽眼鏡了——除非是重新流行起來（問題是我們需要的時候它永遠不來）。還有這些滑雪時穿的踩腳褲；這些又硬又重、讓我總是很懷疑人類的腳如何能夠忍受的黑色雪靴。誰會想要這些卡式錄音機，和這些看幻燈片的機器？這些調雞尾酒用的混合器？這些裝花生用的有分格的盤子？這些數不清的胡椒罐？這些裝在舊式糖果罐中到處收集來的方糖？這些擺在大轉盤中的塑膠香料罐？這些「仙山露」（Cinzano）的開瓶器？這些吃乾酪用的，一端做成小豬形狀的小牙籤？

誰能收下那四個上面分別寫了「麵粉」、「糖」、「餅乾」、「咖啡」的鐵盒？以及水晶碗和擺在旁邊的大啤酒杯、小木酒桶、鋁製奶油盒、萬用托盤、一疊又一疊的桌巾和餐巾，還有棉、麻、草編、蕾絲及聚酯等材質的餐墊？有誰可能喜歡收到這些喝伏特加、威士忌、勃根地、白蘭地、檸檬汽水、或波爾多甜酒的專用酒杯？或是這些不齊全的高腳或淺口香檳杯、冰桶、冰塊夾、咖啡保溫壺、露營用的小火爐、手電筒、開瓶器、橄欖木做的沙拉叉匙、沒有相片的相框、海灘袋、園藝工具、沒有錶的錶帶？

還有五公斤的蠟燭，都是塊狀的，會有人要嗎？它們以好幾個餅乾盒子分裝著，很不好意思地塞在最裡面。這些或長或扁、或矮胖或細小的蠟燭塊，五顏六色，正是所謂「連蠟屁股都要省」[11]的最佳寫照。我已經不曉得是該笑還是該哭，但最後溫柔敦厚還是擊敗了訕笑，我把這些蠟屁股帶回家——它們曾經照亮了父母親的餐桌，現在該來我的餐桌上發光了。我想要把這些蠟燭尾巴全都點燃，一個也不扔；我要看著它們自己漸漸地融化，直到寂滅。

為何一路走來總是大張旗鼓的我，會突然被這一丁點最微不足道的線頭、蠟頭、紙頭、布頭，給融化了呢？

---

11 Des économies de bouts de chandelle，舊日有錢人家的僕役習慣把點剩的蠟燭尾巴收集起來，賣給蠟燭店再利用。此言具有嘲諷人過度節儉、小氣的意味。

上下顛倒

她感受到當我們整理東西，
一地的凌亂逐漸被空蕩取代時，
那種破壞的快感。
——亨利．蒙特朗（Henry de Montherlant）

住手！夠了！真是夠了！丟吧，丟了吧，尤其是別再看下去了，廉價的傷感真的是夠了！拿幾個大垃圾桶，痛快地把那些沒完沒了的舊紙張全塞進去吧！儘管手指頭上全是黑黑的灰塵，喉嚨刺痛。

毫無用處的箱籠，成了廢墟的書籍，垂垂老矣的電器；磨損、凋零、枯乾、腐敗和全然無益之物，林林總總的殘骸，一堆破爛，全都扔了！讓我們揮別過去！所有這些我們曾經珍愛的熟悉事物，如今成了只會礙手礙腳的舊貨。

該是分手的時候了，歡欣鼓舞，慶祝生命終於戰勝死亡！

父母親的身後財物，無論價值多少——將之占為己有固然像豺狼一般無情，如盜賊一般可憎——但屋子總是必須清乾淨，且是肉眼看得出來的那種乾淨。

我非常害怕自己會在這股似乎只有愈來愈高漲的家具、物品和文件狂瀾中沒頂。父母親還在世的時候，這屋子從來沒有這麼亂過：亂七八糟的雜物，搖搖欲墜地堆疊在我的四周圍、椅子上、地上、箱子上、台階上、窗台上、床上、桌上、廚房洗碗槽裡，滿地都是。一個不折不扣的跳蚤市場，結束營業大拍賣。

待在這個雜物間裡超過一個或一個半小時，對我而言根本不可能。我漫無章法，無法專注，從這間房換到那間房地走來走去；一下奮力整理客廳書架上的某一排書，一下又走進廚房清理櫃中的東西或寫字台的抽屜。彷彿我不強迫自己必須按部就班地去做，就會覺得好過一些。

但我每次來這裡清理，離去前還是有那種愈來愈強烈的壓迫感，彷彿拿把刀在記憶的傷口裡不斷轉動，直至心力交瘁。

臨走時，覺得自己永遠無法走出這片戰場的想法，正在腐蝕我的鬥志。我環顧四周，想找到一批我隨便就能決定其共同命運的東西——不是那種必須一一過目，在手裡翻來翻去、沉吟再三的東西，而是一整個抽屜、一排書架、一堆還沒被分類過的東西。能夠簡短有力、斬釘截鐵地說：「送紅十字會！」；「丟掉！」；「賣了！」；「帶回我家！」，那種感覺應該很痛快吧？

身為繼承人，我不能說了算嗎？

在這樣的氛圍下，我最喜歡的是送人。憑著一股衝動，毫不考慮，只相信自己的直覺，覺得哪個黑漆描金花瓶某人一定會喜歡，某種純淨線條的剪裁又適合誰……我玩起媒人婆的遊戲，把物品跟人配對。我喜歡送人東西，喜歡東西送走後空間騰出來的感覺。千萬不可舉棋不定，也不要猶豫再三，在瞬間就能決定一切。這真是個充滿恩慈的片刻、一種不尋常的交換：我透過給予而有所得。我給故我得；我既是我，也是別人。我把我繼承來的東西，變成各式各樣的贈品。

一只咖啡壺、一支放大鏡、一個電話、幾張掛毯、一柄胡桃鉗、一批菸斗收藏品、一頂墨西哥帽、一盆植物、一把電鑽、一支電鋸、一系列削鉛筆器、一台烤麵包機、一整套水晶切割香檳杯！

我覺得這些東西都不是我送的，而是透過我再轉贈出去：一個少女得到了她的第一台相機；我的嫂嫂得到了一件貂皮大衣；即將搬入新家的朋友則獲得一本馬格利特（Magritte）複製畫作的大型月曆，我也謝謝他一併帶走了那張圓桌和飯廳裡的六張藍椅子、橘色沙發、床和淺色原木衣櫥、同色系的兩個床頭櫃和其他不計其數的家用品——包括一盆大型綠色植物和一些當初是用訂做的廚房櫥櫃！我於是想像，自己還有可能再見到這些熟悉物品的第二春，甚至是第三春。

有時候物品也會找到出乎意料的新主人：像那台大電視機，因為曾被摔過，所以螢幕影像的右邊整個偏藍，沒有人願意接收，最後是一位失明的老太太得了去，因為她再也不看電視了，而是用聽的，所以對新電視非常滿意；那座有一面大鏡子的梳妝台，最後落腳在一個信仰伊斯蘭教的印度家庭裡，他們立刻為鏡子戴上了頗富美感的罩子。

贈送可以帶來很大的快樂。我送出去的，不僅是一件物品而已；物品只不過是個載體、一個藉口，它所傳遞出去的是信任、安全感和信心。我給出的，是我不曾收到過的——父母親從來不會給我任何東西而不耳提面命：「小心一點！別打破！別弄壞！別亂丟！尤其不可以隨妳的意思亂用一通！這東西是我們的，還不能算是妳的！我們沒有要送給妳，這東西只是借給妳，而且借得還有點不甘心。妳對待它，不可以用妳自己的方式，而是要像我們會對它的那樣。可這對妳來說一定是不可能的，因為妳就是笨手笨腳！」

物品在雙親的眼中，是不是比女兒重要？看到他們對物品如此地呵護備至，我的反應則是反其道而行——但這麼做，也非我所願地讓他們的批評聽來不無道理。我多麼希望他們會對我說隨便我怎麼處理；不要給我東西，而給我那東西的使用權：「這些東西都是妳的，妳覺得怎麼做較好，就那麼做。用妳自己的方式，我們完全沒有任何意見或條件，對妳絕對信任，相信妳一定會做出對妳而言（因為妳比這個東西重要太多了）最恰當的處置。活出妳自己的經驗吧！妳可以弄髒它、打破它、扔掉它、遺失它，這些都不重要，好好享受就是了！」

我找來一群差不多是身無長物，幾乎什麼都很需要的學生，建議他們想拿什麼就拿。又驚又喜的他們，在一地的混亂中，帶走了扶手椅、沙發、椅子、凳子、雞尾酒盅、乳酪托盤、澳洲回力飛鏢、床墊、枕頭、桌巾、燭台、燈籠、非洲標槍、沙拉脫水器和休閒書籍：《裝飾餐桌的餐巾摺疊藝術》、《如何在撲克牌上讀出你的未來》或《讓生活更簡單的一千種方法》，外加幾只浣熊布偶。

他們高高興興地滿載而歸。而我也輕盈起來。

走過喪親之痛

寫這本書，對我而言是再自然不過了。當我飽受著混亂曖昧、經常互相矛盾的強烈情緒困擾之際，書中字句仍源源不絕地湧出。書寫，可以捕捉那陣陣翻騰洶湧的情感波濤。文字因喪親之痛而生，也為它提供了一個避風港，讓人在下一波狂瀾來襲之前，有一個暫時喘息的地方。

失去親人的經驗，只能由自己去面對。它不只是痛苦和悲傷而已，嗔怨、憤怒和攻擊性也會來報到，很少人願意承認這點。去世的人其實跟新生兒一樣，大家都覺得對他們只能有像溫柔、尊重等不違反社會良善風俗的情感，任何越界的情緒都要馬上刪除。但這是何等的騙局！

喪親的心情遠比這複雜許多，其中充滿了朦朧的意念和周而復始、無窮無盡的精神折磨，總之絕對不會是平順、單純、只有一種解釋的。人類各式各樣的情感，一旦碰到生、老、病、死（包括相遇和失戀等事件），便爭先恐後地傾巢而出，其衝力之大，足以令人招架不住而失衡。於是我們的內在，因受到極大的衝擊而得以重整。這些情感可以帶領我們突破自己，促使我們去探索全新、未知的路線，再度行經那些標示不清的小徑，並勇於跨越一些看似不可能跨越的障礙。

儘管晚了些，成為孤兒，對於人生來說，仍舊激起了新的、重新思考自我的方式。有人說這是服喪的作用，但我們也可說這是一種蛻變、過渡的儀式。

最初如刀剮般的痛楚開始得到舒緩，錯愕和不滿逐漸退讓，取而代之的是慢慢地接受現實。悲傷愈來愈深沉，伴隨而來的是偶爾會有的空虛、失神和心亂如麻。之後，一股甘甜的憂鬱，開始在體內擴散，逝者的形象於是罩上了一層淡淡的哀傷。死者從此永踞在我們的心中。這樣的演變過程，沒有捷徑，任誰都無法逃避。死是生的一部分，生命包含了死亡。

清空死者的家，讓喪親之痛更為艱鉅，在我們心內留下的刻畫更深。這個任務就像化學方程式，將我們所依戀、衝突和幻覺破滅的每一個微細分子，全都揭示了出來，就算我們召來那種「搬光公司」，也不能稍稍減省一些回憶和痛苦。每一個人都會深陷進去，但哀傷有時，喜樂亦有時。

冬天過後，被擄到地底的普西芬妮又回到陽光下。她在田裡和果園中播下種子，花和果於是又長出來了。一直把自己鎖在憂鬱裡並不好。

我並不打算在這本書的最後畫下句點。

莉迪亞·阜蘭的著作

莉迪亞·阜蘭在瑟伊出版社（Seuil）的《二十一世紀書坊》（La Librairie du XXIe siècle）系列出版了：

- L'Homme Freud（《佛洛伊德人》），一九九一
- Casanova ou l'exercice du bonheur（《卡薩諾瓦或幸福之實踐》），一九九五
- La Voix des amants（《戀人心聲》），二〇〇二
- Comment j'ai vidé la maison de mes parents（《如何清空父母的家》），二〇〇四
- Panique（《恐慌》），二〇〇五
- Lettres d'amour en héritage（《情書遺產》），二〇〇六
- Comment je me suis séparée de ma fille et de mon quasi-fils（《我如何和我的女兒與繼子分開》），二〇〇九

國家圖書館預行編目資料

如何清空父母的家：走過喪親之痛／莉迪亞·皋蘭（Lydia Flem）著；金文譯. --初版. --臺北市：寶瓶文化，2020.3
面； 公分. --(Vision；192)
ISBN 978-986-406-181-5(平裝)
1.皋蘭(Flem, Lydia) 2.傳記 3.家庭心理學
784.718　　109000138

Vision 192

如何清空父母的家
——走過喪親之痛

作者／莉迪亞·皋蘭（Lydia Flem）　譯者／金文

發行人／張寶琴
社長兼總編輯／朱亞君
副總編輯／張純玲
資深編輯／丁慧瑋　編輯／林婕伃
美術主編／林慧雯
校對／丁慧瑋·劉素芬
營銷部主任／林歆婕　業務專員／林裕翔　企劃專員／李祉萱
財務主任／歐素琪
出版者／寶瓶文化事業股份有限公司
地址／台北市110信義區基隆路一段180號8樓
電話／(02)27494988　傳真／(02)27495072
郵政劃撥／19446403　寶瓶文化事業股份有限公司
印刷廠／世和印製企業有限公司
總經銷／大和書報圖書股份有限公司　電話／(02)89902588
地址／新北市五股工業區五工五路2號　傳真／(02)22997900
E-mail／aquarius@udngroup.com

著作完成日期／二〇〇四年
初版一刷日期／二〇二〇年三月
初版二刷日期／二〇二〇年三月五日
ISBN／978-986-406-181-5
定價／二七〇元
Photo credit: page 27, page 37, page 50, page 57, page 78, page 99, page 114, page 125, page 138
Lydia Flem @ courtesy Galerie Françoise Paviot. Paris

AQUARIUS 寶瓶 文化事業

愛書人卡

感謝您熱心的為我們填寫，
對您的意見，我們會認真的加以參考，
希望寶瓶文化推出的每一本書，都能得到您的肯定與永遠的支持。

系列：Vision 192　**書名：如何清空父母的家——走過喪親之痛**

1.姓名：__________　性別：□男　□女

2.生日：____年____月____日

3.教育程度：□大學以上　□大學　□專科　□高中、高職　□高中職以下

4.職業：__________

5.聯絡地址：______________________________

聯絡電話：__________　手機：__________

6.E-mail信箱：____________________

□同意　□不同意　免費獲得寶瓶文化叢書訊息

7.購買日期：____年____月____日

8.您得知本書的管道：□報紙／雜誌　□電視／電台　□親友介紹　□逛書店　□網路
□傳單／海報　□廣告　□其他

9.您在哪裡買到本書：□書店，店名________　□劃撥　□現場活動　□贈書
□網路購書，網站名稱：__________　□其他________

10.對本書的建議：（請填代號　1.滿意　2.尚可　3.再改進，請提供意見）

內容：____________________

封面：____________________

編排：____________________

其他：____________________

綜合意見：____

11.希望我們未來出版哪一類的書籍：____________________

讓文字與書寫的聲音大鳴大放

寶瓶文化事業股份有限公司

（請沿此虛線剪下）

廣　告　回　函
北區郵政管理局登記
證北台字15345號
免貼郵票

寶瓶文化事業股份有限公司　收

110台北市信義區基隆路一段180號8樓

8F,180 KEELUNG RD.,SEC.1,

TAIPEI.(110)TAIWAN R.O.C.

（請沿虛線對折後寄回，或傳真至02-27495072。謝謝）